Max Leopold Margolis

An Elementary Text-Book of Hebrew Accidence Arranged in Typical Examples

Max Leopold Margolis

An Elementary Text-Book of Hebrew Accidence Arranged in Typical Examples

ISBN/EAN: 9783337417307

Printed in Europe, USA, Canada, Australia, Japan

Cover: Foto ©Thomas Meinert / pixelio.de

More available books at **www.hansebooks.com**

AN ELEMENTARY TEXT-BOOK OF
HEBREW ACCIDENCE

ARRANGED IN TYPICAL EXAMPLES

WITH CONCISE EXPLANATIONS REFERRING ESPECIAL-
LY TO THE MODIFICATION OF SOUNDS

BY

MAX L. MARGOLIS, A. M., PH. D.,

INSTRUCTOR IN BIBLICAL EXEGESIS, HEBREW UNION COLLEGE.

CINCINNATI

HEBREW UNION COLLEGE

NEW YORK		LONDON
GUSTAV E. STECHERT	1893.	GUSTAV E. STECHERT
810 BROADWAY.		30 WELLINGTON ST., W. C.

Copyright, 1893, by
MAX MARGOLIS.

A. Ginsberg, Printer, 158 East Broadway, New York.

TO

THE VENERABLE PRESIDENT

OF THE

HEBREW UNION COLLEGE,

THE REV. DR. ISAAC M. WISE,

THIS BOOK IS MOST RESPECTFULLY INSCRIBED.

PREFACE.

The present book is, to all intents and purposes, what it pretends to be, AN ELEMENTARY TEXT-BOOK, and its primary object is to meet the wants of the class-room. Its method, by which it will be readily distinguished from others dealing with the same subject, is consistently *paradigmatic*. It proposes to teach the sometimes very intricate details of Hebrew accidence, by a set of examples carefully selected and properly classified, each representative of a whole category of phenomena and so presented that, very often by virtue of its mere position in the context, it must associate itself in the mind of the properly trained observer with its underlying linguistic principle. The pedagogical value of this method may fitly be said to be of no small significance. The student, of whatever age he be, is always prone to mechanically memorise grammatical rules in their very wording and apply them thoughtlessly, if at all put in a position to apply them. *Thoughtlessness is rendered impossible by the present method.* No rule can be applied, unless it be reproduced by the aid of the example—its *index*, and, no matter how often the student may have to deal with the same rule, he will in each case have to retrace the whole process of observation by which he was first led to *understand* the example, to *discover* the rule.

Since, however, observation is far from being blind guesswork, and one and the same example may often lend itself to the illustration of more than one principle, it was thought advisable, wherever a principle occurred for the first time, to fix the attention of the student upon the right point of view by indicating the principle involved. These explanations are only introduced when absolutely necessary and are concisely expressed. In all cases, moreover, the explanation is preceded by the example; the latter remains the *object* of observation, the *text* on which the former is the *commentary* and, at best, a *restatement of what is virtually expressed by the example.* A system of references was also introduced which is intended to keep together scattered examples of one and the same law. This was especially necessary in view of the phonetic laws which, by the very arrangement of the book, could be systematised only at the end, while at the same time it was thought desirable to keep the laws of sound constantly in the foreground and to have the phonological part of the book appear less in the form of an independent treatise than of an *appendix* containing a summary of such phonetic observations as have been met with in the morphology. The references, as a rule, are so arranged that each new example of an identical principle is referred to the next preceding it, so that, at any given point in the book, a reference virtually contains all passages of a similar character previously to be found. Both these helps, the explanatory remarks and the references, I trust, will be welcomed equally by pupil and teacher. Let it, however, be said that references are more sparingly given towards the end, when it is thought, the reader will be sufficiently acquainted with the entire method to be able to supply them of his own accord. A table of references to the standard grammars may be found at the end of the book.

The linguistic matter is arranged as follows:

PART i. THE WORD AS A COMBINATION OF SOUNDS (LETTERS).

PART ii. THE FORMATION AND INFLECTION OF WORDS. Part ii is divided into three chapters:

Chapter 1. *Prefixes.* The student is thus enabled, at an early stage of his study, to recognise in a given word such elements as are not essential to it.

Chapter 2. *The Pronoun*, as that part of Hebrew speech which may be said to contain words originating in demonstrative roots.

Chapter 3. *Noun and Verb*, i. e. words originating in descriptive roots. Within this chapter it was my endeavor to make the treatment of verb and noun as much as possible consistent with a view to each other. I adopted in the verb as a principle of classification the variation caused by *roots*, not by *inflectional forms*, and, as a consequence, the same principle was followed with the noun. Within each class of roots, the noun precedes the verb. The peculiar features of each class and the phonetic laws as their cause are thus most lucidly set forth, while the inflectional forms receive their due attention where they are first met with (in the strong triliterals). The common properties of the Hebrew noun and verb are, by virtue of this arrangement, most prominently brought out, and, in the hands of any one who desires it, may become the means of arranging word-studies (and exercises for translation) in such a manner that a given root is gone through all its derivatives. Lesson XXVIII. shows the relation of particles to nouns. In the following pages, particles are introduced under the heading of those nominal formations to which they belong. At the end of this chapter the interdependence of nominal and verbal formation is once more set forth in the form of a recapitulation. The whole book closes with

PART iii. THE PRINCIPLES OF THE MODIFICATION OF SOUNDS. A SUMMARY.

In the PAOS, 1893, viii, Prof. HAUPT rightly complains of the little attention which, in our universities and seminaries, is paid to the reading of unpointed Hebrew. This book is to my knowledge the first that makes it its very aim to train students in that very important branch of the study of Hebrew. Unpointed words are introduced to a very extensive degree wherever the student's mastery of the foregoing lessons may be tested by the aid of them. The reading of unpointed texts (such as we shall soon have in Prof. Haupt's beautiful Bible edition) is thus for the first time systematically treated and made the essential part of a Hebrew Grammar.

While thus the book is primarily written with a view to its being practical, it may at the same time safely lay claim to a scientific character. The results of modern comparative philology are embodied throughout the book. Every form is, as far as possible, reduced to its original shape, and the modifications are phonetically explained. Even the beginner must be made to understand that there is law and order in what appears to the uninitiated as a *chaos* of facts, a *lawless mass* which may be committed to memory and occasionally marveled at, but never understood. The study of Hebrew, under the hand of the great modern masters of Hebrew philology, ceases to be drudge-work, but becomes a pleasure, and it is my experience at least that a thing *understood* is a thing *retained*, and that, with this principle as a guide, much of the waste of time and energy usually incurred may be reasonably spared. Many of the views and explanations given in this book, as a matter of course, have been adopted from others, and it is but fitting that I should acknowledge to have *learned* much from BARTH (*'Die Nominalbildung in den semitischen Sprachen'*), BOETTCHER (*'Ausführliches Lehrbuch der hebr. Sprache'*), DRIVER (*'A Treatise on the Use of the Tenses in Hebrew'*, ed. 3, which contains many points on morphology expressed with the usual soundness of judgment peculiar to this author), GESENIUS-KAUTZSCH (*'Hebr. Grammatik'*, ed. 25; an English version, I understand, is forthcoming from the Clarendon Press), KOENIG (*'Historish-kritisches Lehrgebäude der hebr. Sprache I.'* ; while this is being written, the second part has not appeared, though, unless I be misinformed, this long-expected book is sure to come out this year), LAGARDE (*'Übersicht über die im Aramäischen, Arabischen u. Hebr. übliche Bildung der Nomina'* and the *'Register u. Nachträge'* thereto), NOELDEKE (e. g. ZDMG, 37, 525), PHILLIPPI (*'Wesen und Ursprung des st. cstr. im Hebr.'*), SPITTA-BEY (*'Grammatik des arabischen Vulgärdialectes von Aegypten'*), STADE (*'Lehrbuch der hebr. Grammatik'* and others. There are, however, some points for which I hold myself solely responsible. I hope that the particular prominence given the matter of early and later Hebrew accentuation will please scholars who, with Lagarde (l. l., 153, 4-8), believe that this subject deserves attention. My theory is very simple. The Hebrew language has gone through a double process of accentuation. Remnants of the older system are the so-called *Vorton* and the *secondary tone* (cf. the highly instructive statement of Spitta [l. l., 59 bottom] 'dass der Hauptunterschied zwischen dem altarabischen und dem modernägyptischen Accente darin besteht, dass man heute in Aegypten *den Hauptton auf die Silben legt, die früher den Nebenton hatten, und umgekehrt oft den früheren Hauptton zum Nebenton macht'*). All recession of the accent is in truth but a return to its natural position. In ligature, it is the first word that bears the principal or primary tone, and not the second which, as a rule, is the much shorter one.— In collecting the examples, I was greatly aided by the grammars of Stade (for the noun), Böttcher and König (for the verb). In a considerable number of cases I was obliged to refer to the Concordance, and in not a few I could avail myself of my own *Bibelfestigkeit*, however insignificant it may be. All examples, so far as they are given in the main text (not in the paradigms) and are not bracketed, are found in the Bible.

This book which deals only with accidence, is but the framework of what goes on in the class-room and presupposes all along supplementary exercises in translating from Hebrew into English and *vice versa*, and the study of the elements of syntax. While the study of grammar is desirable as a study of the classified phenomena of a language, the language itself in its totality must not for a moment be allowed to remain in the background. Translation from English into Hebrew should most especially be practised, for it is a well-known fact that it is much more difficult to write a language than to understand it. Such exercises are best carried out in the class-room. on the blackboard, under the supervision of the teacher and the watchful eye of the whole class, or on paper in the form of tests. I hope some time in the future to publish a book containing such exercises; for the present the teacher may avail himself best of Kautzsch's '*Übungsbuch*'(ed. 2, Leipzig. published by F. C. W. Vogel). A small book containing exercises in reading I may be in a position to issue within a short time, which may then be applied for at the same places where this book is to be obtained.

The present method, in a less perfect shape, was tried last year in the beginners' class of the Preparatory Department in this institution, and found to be successful. It is this circumstance, coupled with the fact that the first to encourage me in my work, while it yet was in the shape of an unseemly manuscript, was the venerable President of the Hebrew Union College, the REV. DR. ISAAC M. WISE, that prompted my recognition so inadequately expressed at the head of this book.

I am also greatly indebted to two most prominent scholars, Professors MORRIS JASTROW JR., of the UNIVERSITY OF PENNSYLVANIA, and GEORGE F. MOORE, of the ANDOVER THEOLOGICAL SEMINARY, whose advice I sought and promptly obtained, for their kind encouragement and for some very valuable suggestions which have served in no small degree to enhance the value of the method. Prof. Jastrow also kindly read the greater part of the proof-sheets.

In conclusion I wish to say that I consider myself under great obligation to my brother-in-law, Mr. ABRAHAM GINSBERG, at whose printing establishment this book was printed and to whose efforts mainly its neat appearance and the comparative absence in it of gross typographical errors are due.

May this book, the product of more than a year's hard labor, in spite of its imperfections, be given a fair trial and contribute its share toward a better understanding and a truer knowledge of the Bible.

M. M.

HEBREW UNION COLLEGE,
 CINCINNATI, O., September, 1893.

TABLE OF CONTENTS.

PART i. THE WORD AS A COMBINATION OF SOUNDS (LETTERS).

		Page
I.	Consonants	3
II.	Vowels	4
III.	The Syllable and the Tone	5
IV.	Modification of Sounds	6
V.	Accents and Aspirated Sounds	"

PART ii. THE FORMATION AND INFLECTION OF WORDS.

Chapter I. Prefixes.

VI.	The Article [. המֶתֶג].	11
VII.	The Inseparable Prepositions ba, ka, la	12
VIII.	The Inseparable Conjunction wa	"
IX.	The Preposition מִן	13

Chapter II. The Pronoun.

X.	The Personal Pronoun	"
XI.	Declension of Nouns	14
XII.	The Genitive of the Personal Pronoun (Suffixes)	15
XIII.	Remnant of a Case Ending. The Dative of the Personal Pronoun. The Prepositions ba and ka with Suffixes	17
XIV.	The Accusative of the Pers. Pron. מִן with Suffixes. The Dual	18
XV.	The Demonstrative Pronoun	"
XVI.	The Relative Pronoun	19
XVII.	The Interrogative Pronoun and Particle ha	"

Chapter III. Noun and Verb.

| XVIII. | Roots and Stems | 20 |

A. STRONG TRILITERALS (NON-GUTTURAL).

A. THE SIMPLE STEM

1. NOUNS.

| XIX. | Preliminary Observations | 21 |

TABLE OF CONTENTS

a. Masculine Nouns.

XX.	First Class. One (Short) Vowel in the Syllable of the Stem	22
XXI.	Second Class. Short Vowels in Both Syllables of the Stem	23
XXII.	Third Class. Short Vowel in the First, Long Vowel in the Second Syllable of the Stem	25
XXIII.	Fourth Class. Long Vowel in the First, Short Vowel in the Second Syllable. Formations of Equal Inflection	"
XXIV.	Fifth Class. Immuatble Vowels in Both Syllables	26
XXV.	b. Feminine Nouns	"
XXVI.	c. Nouns with Preformative א or י . . .	29
XXVII.	d. Nouns with Afformative an	"
XXVIII.	e. Particles	30

2. VERBS.

XXIX.	Preliminary Observations	"

a. Middle a Verbs.

XXX.	The Perfect	31
XXXI.	The Imperfect	32
XXXII.	The Imperfect—Continued	34
XXXIII.	b. Verbs Middle i and u	35
XXXIV.	B. THE INTENSIVE STEM. Nouns and Verbs	37
XXXV.	C. THE CAUSATIVE STEM. Verbs . . .	39

D. THE REFLEXIVE STEMS. Verbs

XXXVI.	The T Reflexive	41
XXXVII.	The N Reflexive	43

E. THE VERB WITH SUFFIXES.

XXXVIII.	Middle a Verbs. Perfect	44
XXXIX.	The Imperfect with Suffixes . . .	47
XL.	The Imperative and Infinitive with Suffixes .	48
XLI.	Verbs Middle i and the Other Stems with Suffixes	49

TABLE OF CONTENTS.   xiii

B. STRONG TRILITERALS WITH GUTTURALS.
1. NOUNS.

XLII.	Nouns First Guttural	50
XLIII.	Nouns Middle Guttural	53
XLIV.	Nouns Third Guttural	55

2. Verbs.

XLV.	Verbs First Guttural	57
XLVI.	Verbs Middle Guttural	60
XLVII.	Verbs Third Guttural	63

C. INCOMPLETELY DEVELOPED TRILITERALS.

XLVIII.	1. Nouns	66

2. Verbs.

XLIX.	Verbs Non-guttural	70
L.	Guttural Verbs	74

D. LIQUID ROOTS.

LI.	1. Nouns	76

2. Verbs.

LII.	Verbs Non-guttural	77
LIII.	Guttural Verbs	79

E. WEAK ROOTS.

LIV.	1. Nouns	81

2. Verbs.

LV.	Verbs First א	83
LVI.	Verbs Third א	85
LVII.	Verbs Third א—Continued	89

F. SEMIVOCALIC ROOTS.
a. Roots First י(ו).

LVIII.	1. Nouns	90
LIX.	2. Verbs.	92
LX.	Verbs First י(ו)—Continued	95
LXI.	b. Roots First י(ו) and Middle י. Nouns and Verbs	96
LXII.	c. Roots First ו. Nouns and Verbs. . . .	97

d. Roots Middle ו.

LXIII.	1. Nouns	"

TABLE OF CONTENTS.

LXIV.	2. Verbs	100
LXV.	Verbs Middle ו—Continued	104
LXVI.	e. Roots Middle י(ו) and Middle ו.Nouns and Verbs. "	
	f. Roots Third י(ו) and Third ו.	
LXVII.	1. Nouns	107
LXVIII.	2. Verbs	113
LXIX.	Verbs Third י(ו) and Third ו—Continued	117
LXX.	Denominative Nouns	121
LXXI.	Nouns with Mixed Forms	123
LXXII.	Isolated Nouns	"
LXXIII.	The Numerals	125
LXXIV.	Polyliterals. Nouns and Verbs	128
LXXV.	Isolated Particles	129
LXXVI.	Noun and Verb. A Recapitulation	130

PART iii. THE PRINCIPLES OF THE MODIFICATION OF SOUNDS. A SUMMARY.

A. Consonants.

LXXXII.	The Aspirated Pronunciation of the בגדכפת	137
LXXXIII.	The Simple and Extended Pronunciation of Consonants	"
LXXIX.	Assimilation of Consonants	136
LXXX.	Disappearance (Absorption) of Consonants	139
LXXXI.	Semivowels	140

B. Vowels.

LXXXII.	Origin of Long Vowels	141
LXXXIII.	Modification of Long Vowels and Change of Quantity	"
LXXXIV.	Compensative Production of Short Vowels	142
LXXXV.	Production, Reduction and Modification of Short Vowels	143
LXXXVI.	Disappearance of (Short) Vowels	148

NOTES AND CORRECTIONS.

The references in the book indicate page, line and word (respectively explanatory note). Thus 13, 7³=page 13, line 7, word (phrase) or explanatory note 3. The following false references are corrected here. 18, 8 f. read: 14, 4 f. — 26, 6 read: 24, 11. — 31, 19—23. 3 f. — 48, 6 put the small figure within the parenthesis. — 56, 5 read: 55, 11². — 62, 10—44, 1⁵. — 69, 11—58. — 78, 21—76, 9¹. — 88, 19: 18¹. — The signt indicates an *exceptional* form.

13, 19² add: *a*, not *e*, with gutturals. — 20, 18 read: roots. — 22, 19¹ put the holem point in the right place [cf. 5, 5] (displacements of vowel-signs or diacritical points may be found elsewhere, but not too frequently, I hope). — 28, 14. 15f. indicate the formation: maqtul; taqtal, taqtil ; taqtul (equally 113, 4 insert: qatlân). — 64, 5¹ read: שִׁלְהָתִי. — 65, between lines 3 and 4 insert: '*final* vowel of the stem *preserved.* — On p. 74 the marginal figures should be placed one line above their present places. — 76, 13 after the second ; add: 'amin'tu ('imin'tu)='amit'tu ('imit'tu)= 'emét' אֱמֶת, וַאֲמִתּוֹ. — 83, 4 indicate in the English transcription the doubling of the middle radical. — 95 put above l. 1 the heading : THE N REFLEX. — 104, 6 put . in the place of the first;. — 114, 18 add the missing note: '109, 19¹.

The manuscript of the latter part of the book, beginning with p. 130, was prepared on dictation by my pupil EDMUND LANDAU, whose keen interest in the work made me forget the strain to which I put myself in summing up hundreds of scattered references under the head of a few laws of grammatical structure or phonetic modification, and to whom I am greatly indebted for his kind services.

The term *principal forms* (32, 6) was coined by the class referred to at the end of the Preface (p. ix) and headed by EMIL LEIPZIGER.

PART I.
THE WORD AS A COMBINATION OF SOUNDS (LETTERS).

I. CONSONANTS (C).

1. FORM. [1]א [2]ב [3]ג [4]ד [5]ה [6]ו [7]ז [8]ח [9]ט [10]י [11]כ [12]ל [13]מ [14]נ [15]ס [16]ע [17]פ [18]צ [19]ק [20]ר [21]שׂ and שׁ [22]ת (= the *alphabet*; cf. Ps 119).

Note [11]ך [13]ם [14]ן [17]ף [18]ץ (*final* letters).

2. NAMES. [1]אלף 'a'leP [2]בית bêT [3]גמל gi'mel [4]דלת da'leT [5]הא hē [6]וו wāw [7]זין za'yin [8]חית ḥêT [9]טית ṭêT [10]יוד yôD [11]כף kaP [12]למד la'meD [13]מים mêm [14]נון nûn [15]סמך sa'meK [16]עין 'a'yin [17]פא (פי) pê [18]צדי ṣāDê [19]קוף qôP [20]ריש rêš [21]שׂין a. שׁין śin a. šin [22]תו tāw.

3. CLASSIFICATION A. TRANSCRIPTION.

a. Gutturals: א ', ה h, ע ', ח ḥ.

b. Mutes:

	Sonant		Surd	
	Explosive	Fricative	Explosive	Fricative
[1]Palatals	גּ g	ג G	כּ k, ק q	כ K
[2]Dentals	דּ d	ד D, ז z	תּ t, ט ṭ	ת T; ס s, שׂ ś, שׁ š, צ ṣ
[3]Labials	בּ b	ב B	פּ p	פ P

4 II. VOWELS.

Note בְּגַדְכְּפַת b*e*GaDk*e*PaT (דָּגֵשׁ dâGēš [*i. e.* sharpener] *lene*); בגדכפת (רָפֶה rāPè [*i. e.* weak]).

c. Semivowels: י y (palatal) a. ו w (labial).

d. Liquids. ל l, ר r (linguals), נ n (dental nasal) a. מ m (labial n.).

II. VOWELS (V).

1. SCALE.

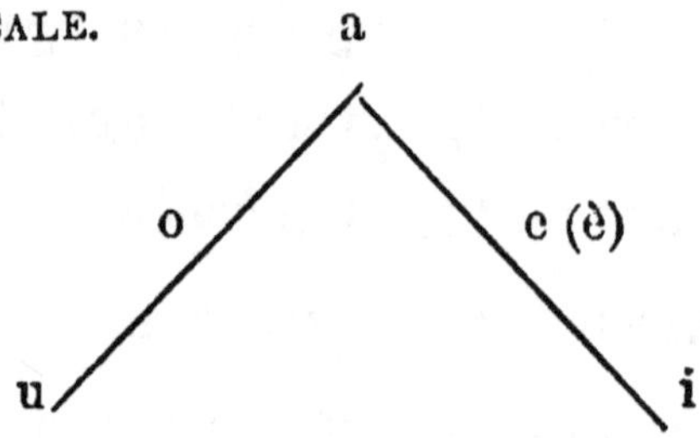

o
i

Note $\overset{a}{v}$ (*indifferent*), v (*short*), $\bar{v}$ (*produced*), $\hat{v}$ (*long*).

2. VOWEL (SILENT) LETTERS. בין, קום, מצא; קם, גלה (*full* a. *defective* spelling). Note הּ (מַפִּיק mappîq [*i. e.* sounder]); ה̄ (2).

3. VOWEL SIGNS.

[1] בַּ a — פַּתַח pa'taḥ [2] בָּ ā, â, å — קָמֶץ qām'eṣ

[3] בֶּ e, è=ä — סֶגוֹל s*e*Gôl [4] בֶּי è=ä̅ — s*e*Gôl *magnum*

[5] בֵּ ē [ê] — צֵרֵי ṣērê [6] בֵּי ê — ṣērê *m.*

[7] בִּ i [î] — חִירֶק ḥî'req [8] בִּי î — ḥî'req *m.*

בָּ o—קָמֶץ חָטוּף q. ḥāṭûp [10] בֹּ ō [ô]—חֹלֶם ḥō'lem.

בוֹ ô—ḥō'lem *m.*

[11] בֻּ u [û]—קִבּוּץ qibbûṣ [12] בוּ û—שׁוּרֶק šû'req

NOTES. 1. בַּ, בָּ, בֶּ, בֵּ, בִּ, בֹּ, בְּ; דְ, דָ, וֹ; עַ, קַ —

2. בּוּ.—3^{1}. בֹּ, לֹ. בא, בָּאוּ, יָבֹאוּ. בֹּאם, רֹאת; בֹּאו.—3^{2}.

כֹּו; קֹוִי; עָוֹן.—3^{3}. נוֹשֵׂא, בּוֹשׁ; רֹאשׁ. שֹׂנֵא, מֹשֶׁה,

עֹשֶׂה, שֹׁהַם.

III. THE SYLLABLE AND THE TONE.

A. THE SYLLABLE.

1. da-ba-ri-ya ($c\overset{a}{v}$=*open* s.).

2. d^{e}bā-rî דְּבָרִי (c^{e}=*half*—s.; *e* = *reduced* vowel; ְ=*vocal* שְׁוָא š^{e}wā).

3. dā-bār דָּבָר; k^{e}tab-tem כְּתַבְתֶּם ($c^{a}vc$=*closed* s.; ְ=*silent* š.).

NOTES. 1. דֶּרֶךְ; הַבָּאת, חֵטְא.—2^{1}. יַאת, רָאשׁ, מְלָאכֶת, צֵא, רִאשׁוֹן, רֹאשׁ, הוּא; מַה, מָה, מֶה, רְאֵה, כֹּה; לוֹ, לוּ; מִי, מַי (*homogeneous* vowels).— 2^{2}. צַו, צָו, וָו, סוּסָיו, שָׁלֵו, פִּיו; חַי, בָּנָי, גּוֹי, גָּלוּי (*heterogeneous* v.).—2^{3}. יֶאְשַׁם, יֶהְדֹּף, שָׁלַוְתִּי, אַיְסִיר.

B. PRINCIPAL TONE. SECONDARY TONE.

1. כָּתַב (*ultima*); כָּתַבְתִּי (kāTaB'tî, *penult*).

2. חָכְמָה, נִרְדָּה, יִרְאוּ, אָכְלָה, גָּנַבְתִּי (hā'-kemā'; *secondary* tone; ‌ֽ = מֶתֶג mè'TeG [*i. e.* bridle]).

IV. MODIFICATION OF SOUNDS.

A. DAGEŠ FORTE.

דִּבֶּר di-b-er=dib-ber (*sharpened* syll. ; *extension* (doubling) *of consonants*). Note הָעִזָּה (4,15).

B. DAGEŠ LENE.

1. יָדַע, עַבְדוּ (*aspirated* sound); יִרְבֶּה (*hardened* sound.).

C. MEDIAL ŠEWA.

1. כָּזְבִי; דִּבֶּר, אַסִּיר (*firmly* closed syll.).

2. כָּתְבֶם (*loosely* c. s.; ‌ְ = *medial* š.).

D. SIMPLE A. COMPOUND ŠEWA.

1. בְּנִי; כְּתָבֶם, מַלְכֵּי (*simple* š.).

2. אֲנִי; בֶּאֱמֹר, פְּעָלַי (*compound* š. ‌ֲ, ‌ֱ, ‌ֳ =[š.] חָטֵף hâtēP [*i. e.* shortening] patah, segol, qames=*a*, *e*, *o*=*reduced a*, *e*, or *o*).

V. ACCENTS A. ASPIRATED SOUNDS.

A. ACCENTS.

Ex i. 1; Josh i. 2.

1. *Disjunctive* accents. Note סִלּוּק sillûq [stop] +

סוֹף פָּסוּק sôp pāsûq [verse end] (:—ֽ) a. אַתְנָח 'aтnaḥ [pause] (—֑).

2. *Conjunctive* a.

3. עַד־, אֶל־הָאָרֶץ; אֶֽרֶץ־כִּדְיָן, בַּת־פַּרְעֹה
אֵת כָּל־בֵּית אָבִיךָ, אֶת־הַיַּרְדֵּן; עַל־הָאָרֶץ, הַנָּהָר
(*proclitic*; ־ =מַקֵּף maqqēp [*i. e.* connecting line]).

B. DAGEŠ LENE—CONTINUED.

2¹. וּבִיתוֹ בָּאוּ, בְּרֵאשִׁית בָּרָא; בְּרֵאשִׁית.

2². a. כִּצְדָקָה, שְׁמַע בְּקֹלִי, כָּל־בֵּית אָבִיךָ
יְהוָה כְּצִדְקוֹ, עֵשָׂו בְּכֹרֶךָ, תָּשִׂים.
Note יְהוָה=אֲדֹנָי (קְרֵי וּכְתִיב qerê ûKeTÎB [*i. e.* read a. written]; *perpetual* q.).

b. וַיִּשְׁתַּחוּ but וַיְהִי כְּכַלּוֹת, וַיְהִי בְּבוֹאָהּ
בִּבְנֵי יִשְׂרָאֵל.

PART II.
THE FORMATION AND INFLECTION OF WORDS.

CHAPTER I. PREFIXES.

VI. THE ARTICLE [.ME*TEG*].

A. THE ARTICLE.

1. מֶלֶךְ ; hal-mè'lek=hammelek (*assimilation of consonants*)=הַמֶּלֶךְ (d. f. *for assimilation*).

B. [LIGHT] ME*TEG*.

1. הָאָדָם , לֹא־יָדַע , כִּי־עַל־כֵּן , מֶלֶךְ־צֹר ; הָאַרְבָּעִים , מְלֹא־הַגּוֹיִם , אֶרֶץ־מִדְיָן ; מֵהַתַּחְתֹּנוֹת ; וּמֵהַתִּיכוֹנוֹת ; מִי־לְךָ (*ordinary* l. m.). Note וּבֵיתוֹ.

2. (To III B 2 add:) שַׁת־לִי (sât); יַעֲקֹב (6,17); וַאֲבָרְכָה ; וַהֲקִמֹתִי (*indispensable* l. m.).

C. THE ARTICLE—CONTINUED. (GRAVE ME*TEG*.)

NOTES. 1. הַצְפַרְדְּעִים (3,19).—2. הַלְוִיִּם. הַמְּרוּצָה , הַמְּעָרָה , הַמְּהוּמָה ;(4,4) הַמְּעַט , הַמְּסִלָּה (3,16).—3. הַיְלָדִים but הַיְהוּדִים , הַיְעֵפִים (4,3).

2. הַחֹרֶשׁ , הַהוּא (*lost* doubling); הָעָם , הָאָדָם , הָרָשָׁע (*compensative production* of short vowels) (3,16).

12 VII. THE INSEPARABLE PREPOSITIONS.

NOTES. 1. הָהֵם, הָהֵמָּה, הָהֵנָּה and הָהָר.
— 2. הֶהָרִים; הֶעָנָן; הֶחָג, הֶחָזָק, הֶחֳלִי,
הֶחֳרָבוֹת (a *flattened* to è; *dissimilation* of vowels).

VII. THE INSEPARABLE PREPOSITIONS BA, KA, LA.

1. בַּמֶּה a. כַּמָּה (d. f. for *vowel preservation*).

2. בָּזֶה (a *produced* to ā), כָּזֶה, לָזֶה; לָמָּה
(d. f. for *euphony*); לָעַד, לָנֶצַח but לִנְצָחִים,

3. בַּחֲצִי; כַּאֲמֹר, לָחֳלִי (*vowel assimilation*).

בַּאדֹנָי = לַיהוָה, כַּיהוָה, בַּיהוָה, (= בַּ + אֲדֹנָי,
consonantal *absorption*; *contraction* of vowels) etc.
בֵּאלֹהִים, כֵּא׳, לֵא׳ (=בְּ+אֱלֹהִים, c'e=ê).

4. בִּמְאֹד (a *flattened* to i). לִיהוּדָה (iye=î).

5. בְּפֶרֶךְ, כְּמֹשֶׁה, לְמָחָר, (a *reduced* to e).

6. בַּסּוּף (=בְּ+הַסּוּף, ch$\overset{a}{v}$ = $\overset{a}{v}$, *syncope*),
בִּצְפַרְדְּעִים, בַּחֹרֶשׁ, לָרָשָׁע, כֶּחָג.

VIII. THE INSEPARABLE CONJUNCTION WA.

1. וַיִּגֹּל, וַיְדַבֵּר, וָאֵרֵד (6; 11,21'.22').

2. זָהָב וָכֶסֶף, וָמֵת

3. וֵאלֹהִים· וַיהוָה· וָחֳלִי, וָעֱזוּז, וְחָכָם

4. וַיְהִי· (3,20) וּפָרַצְתָּ, וּמֶלֶךְ, וּבַיָּם; וּלְכֹל

5. וְאָדָם·

6. וְהָעָם·

IX. THE PREPOSITION מִן־.

1. מִיַּד־רָשָׁע· (11,9) מִיַּעַר, (מֵהָאָרֶץ) מִן־הָאָרֶץ (12,18[2];3).

2. מֵרֹאשׁ, מֵאִישׁ, מֵעָם, מֵהָאָרֶץ, מֵחַיִל.

Note מִחוּט a. מִחוּץ (11,22f.).

CHAPTER II. THE PRONOUN.

X. THE PERSONAL PRONOUN.

		SINGULAR.	PLURAL.
1	c.	[1]אָנֹכִי, [2]אֲנִי	אֲנַחְנוּ
2	m.	[3]אַתָּה	[4]אַתֶּם
"	f.	[5]אַתְּ	[6]אַתֵּנָה, אַתֵּן
3	m.	[7]הוּא	[8]הֵמָּה, הֵם
"	f.	[9]הִיא	[10]הֵנָּה, הֵן

[1]'a'nâki'y(a) (â *rounded* to ô;7'); [2]'ani'y(a); [3]'an'ta

14 XI. DECLENSION OF NOUNS.

(13, 7[3]; 12, 7); [4]'an'tum (u *flattened* to e); [5]'an'ti(n); [6]'antun'na ('antin'na, u *flattened* to i ; = attē'nā, i *produced* to ē); [7]hu'w(a) =hu''(a) (12,11[1]); [8]hum (him); hi'y(a)=hi''(a); [10]hun'na (hin'na; dageš forte *for contraction*).

PAUSAL FORMS.

·אֲנָ֑חְנוּ ,אָ֑תְּ ,אָ֑תָּה ,אָ֑נִי· אָ֑נֹכִי ,אָנֹ֑כִי׃

XI. DECLENSION OF NOUNS.

IN THE ABSOLUTE STATE.

	SINGULAR.		PLURAL.	
		MASCULINE.		
N.	sû'su(m,n)	הַסּוּס סוּס		הַסּוּסִים סוּסִים
G.	sû'si(m,n)	הַסּוּס סוּס	sûsîm	הַסּוּסִים סוּסִים
D.		לַסּוּס לְסוּס		לַסּוּסִים לְסוּסִים
A.	sû'sa(m,n)	אֶת־הַסּוּס סוּס		אֶת־הַסּוּסִים סוּסִים
		FEMININE.		
N.	sû'satu	הַסּוּסָה סוּסָה	sû'sât	הַסּוּסוֹת סוּסוֹת
G.		הַסּוּסָה סוּסָה		הַסּוּסוֹת סוּסוֹת
D.		לַסּוּסָה לְסוּסָה		לַסּוּסוֹת לְסוּסוֹת
A.		אֶת־הַסּוּסָה סוּסָה		אֶת־הַסּוּסוֹת סוּסוֹת

IN THE CONSTRUCT STATE.

·אֶת־סוּס ,לְסוּס ,סוּס ,סוּס הַגִּבּוֹר or הַגִּבּוֹרִים

sû'sai סוּסֵי

אֶת־סוּסֵי, לְסוּסֵי, סוּסֵי, סוּסֵי הַגִּבּוֹר or הַגִּבּוֹרִים·

sû'satu סוּסַת

לְסוּסַת, סוּסַת, סוּסַת הַגִּבּוֹר or הַגִּבּוֹרִים אֶת־סוּסַת·

sû'sâtu סוּסוֹת

לְסוּסוֹת, סוּסוֹת, סוּסוֹת הַגִּבּוֹר or הַגִּבּוֹרִים אֶת־סוּסוֹת·

XII. THE GENITIVE OF THE PERSONAL PRONOUN (SUFFIXES).

סוּס הַגִּבּוֹר

sûsi-y(a) (13,19[1]) אֶת־סוּסִי, לְסוּסִי, סוּסִי, סוּסִי·

sû'sa-ka'(12,14) סוּסְךָ etc. sûsa'ka (12,3) סוּסֶךָ·

sûsa-ki, sûsaik, sûsêk (12,11[2]) סוּסֵךְ etc.

sûsa-hu, sûsau (12,15), sûsô סוּסוֹ etc.

sûsa-h(a) סוּסָהּ etc.

סוּס הַגִּבּוֹרִים

sûsi-nu (14,2f.) סוּסֵנוּ etc.

sû'sa-kum (13[1]) סוּסְכֶם etc.

16 XII. THE GENITIVE OF THE PERS. PRONOUN.

sû'sa-kun סוּסְכֶן etc.

sûsa-(h)um (15,15) sûsâm סוּסָם etc.

sûsa-(h)un סוּסָן etc.

סוּסֵי הַגִּבּוֹר	סוּסֵי הַגִּבּוֹרִים
sûsai-y(a) סוּסַי etc. סוּסָי.	sûsai-nu סוּסֵינוּ etc.
sûsai-ka (ê to è) סוּסֶיךָ etc.	sûsai-kum סוּסֵיכֶם etc.
sûsai-k(i) סוּסַיִךְ etc. סוּסָיִךְ.	sûsai-kun סוּסֵיכֶן etc.
sûsai-(h)u, sûsâw סוּסָיו	sûsai-hum סוּסֵיהֶם etc.
etc.	
sûsai-h(a) (7) סוּסֶיהָ etc.	sûsai-hun סוּסֵיהֶן etc.

סוּסַת הַגִּבּוֹר	סוּסַת הַגִּבּוֹרִים
sûsati-y(a) סוּסָתִי etc.	sûsati-nu סוּסָתֵנוּ etc.
sûsa'ta-ka' סוּסָתְךָ etc. סוּסָתֶךָ,	sû'sata-kum סוּסַתְכֶם etc.
sûsata-ki סוּסָתֵךְ etc.	sû'sata-kun סוּסַתְכֶן etc.
sûsata-(h)u סוּסָתוֹ etc.	sûsata-(h)um סוּסָתָם etc.
sûsata-h(a) סוּסָתָהּ etc.	sûsata-(h)un סוּסָתָן etc.

XIII. CASE ENDING. LA, BA, A. KA W. SUFF. 17

סוסות הַגִּבּוֹר　　סוסות הַגִּבּוֹרִים

sûsâtai-y(a) סוּסוֹתַי etc. sûsâtai-nu סוּסוֹתֵינוּ etc.

סוּסוֹתָי·

sûsâtai-ka סוּסוֹתֶיךָ etc. sûsâtai-kum סוּסוֹתֵיכֶם etc.

sûsâtai-ki סוּסוֹתַיִךְ etc. sûsâtai-kun סוּסוֹתֵיכֶן etc.

סוּסוֹתָיִךְ·

sûsâtai-(h)u סוּסוֹתָיו etc. sûsâtai-hum סוּסוֹתֵיהֶם

sûsâtai-ha סוּסוֹתֶיהָ etc. sûsâtai-hun סוּסוֹתֵיהֶן etc.

Note דּוֹרוֹתָם· In סוּסַיִךְ, סוּסוֹתַיִךְ ai *resolved* into aiy.

XIII. A. REMNANT OF A CASE ENDING.

חוּצָה=hû'sa(n); הַחוּצָה=hahû'sa (accus. of *direction*).

B. THE DATIVE OF THE PERS. PRON.

לָכֶם, לָנוּ; לָהּ, לוֹ, לָךְ, לָךְ לָךְ, לִי, לָעִיר·
לָהֶן, לָהֶם, [לָכֶן]·

C. THE PREPOSITIONS BA AND KA W. SUFFIXES.

בָּכֶם, בָּנוּ; בָּהּ, בּוֹ, בָּךְ, בָּךְ בָּךְ, בִּי, בַּדֶּרֶךְ·
בָּהֶן, בָּם, a. בָּהֶם, בָּכֶן·

כְּאִישׁ· כָּמוֹנִי (=kamâniya; 13,19), כָּמוֹךָ, —, כָּמוֹהוּ, כָּמוֹהָ; כָּמוֹנוּ, כָּכֶם, —, כָּהֶם, כָּהֵנָּה·

XIV. A. THE ACCUSATIVE OF THE PERS. PRONOUN.

אֶת־הַדָּבָר· אֹתִי, אֹתְךָ אֹתָךְ, אֹתָךְ, אֹתוֹ, אֹתָהּ; אֹתָנוּ, אֶתְכֶם, אֶתְכֶן, אֹתָם, אֹתָן·

B. מִן W. SUFFIXES.

מִן־הַדֶּרֶךְ· מִמֶּנִּי (=minme'nniya, *reduplication*; 13, 19[3]), מִמְּךָ מִמֵּךְ, מִמֶּנּוּ (=minme'nhu), מִמֶּנָּה; מִמֶּנּוּ (=minme'nnu), מִכֶּם, מִכֶּן, מֵהֶם (13,9[2]) a. מֵהֵמָּה, מֵהֵנָּה·

C. THE DUAL.

raglaim רַגְלַיִם (17,10) הָרַגְלַיִם, cstr. raglai רַגְלֵי רַגְלֵי מְבַשֵּׂר· רַגְלַי, רַגְלֶיךָ, רַגְלַיִךְ [רַגְלָיִךְ,] רַגְלָיו, רַגְלֶיהָ; רַגְלֵינוּ, רַגְלֵיכֶם [רַגְלֵיכֶן,] , רַגְלֵיהֶם [רַגְלֵיהֶן,]. —'ammataim אַמָּתַיִם·

XV. THE DEMONSTRATIVE PRONOUN.

S. m. zai(=zaya) זֶה f. za'at זֹאת (12,11;1). P.c. illai (15,18; 14,4f.) אֵלֶּה·

NOTES. 1. Gen. מְחִיר זֶה, עֵינֵי אֵלֶּה·—2. Dat. לָזֶה, לְזֹאת, לְאֵלֶּה a. לָאֵלֶּה.—3. Acc. אֶת־זֶה a.

זֶה־ .4.— אֵלֶּה a. אֶת־אֵלֶּה, זֹאת a. אֶת־זֹאת, זֶה,
הָהֵמָּה, a. הָהֵם, הַהִיא, הַהוּא .5.— (12,18¹) פְּרִיָּה
הָהֵנָּה.

XVI. THE RELATIVE PRONOUN.

S. a. P. c. אֲשֶׁר.

XVII. A. THE INTERROGATIVE PRONOUN.

1. בַּת־מִי; מִי אֵלֶּה, מִי אַתְּ, מִי אָנֹכִי, מִי
אֶת־מִי, לְמִי, אַתְּ.

2¹. מַה־מְּלַאכְתֶּךָ, מַה־יְּדַבֵּר, (2¹) מַה־זֶּה
(cf. 12,18²;11,20).

2². מָה־הֵמָּה, מָה־הֵם (מַה־הֵם) מַה־הוּא; מֶה־חַטָּאתִי
מֶה־; מֶה־עִמְּרִי; מֶה־הָעֲבֹדָה, (מֶה־הֵנָּה and
(11,22f.) (also מָה הֵם etc.) מֶה־רָאִיתָ; אֲהַבְתִּי
מָה.

2³. (also מֶה־עָשִׂיתָ, מֶה־הָיָה, מֶה־חַטָּאתִי
בַּמָּה, בַּמֶּה but בַּמֶּה; (15,13) etc.) מֶה חַטָּאתִי
כַּמָּה; אֵרַע.

2⁴. Gen. חָכְמַת־מָה לָהֶם. Dat. לָמָה יְהוָה,
לָמָּה הֶעֱלִיתָנוּ, לָמָּה עֲזַבְתָּנִי; לָמָּה נָפְלוּ. Acc.
מָה.

3. אֵי־זֶה, מִזֶּה, אֵי.

B. THE INTERROGATIVE PARTICLE HA.

1. הַזְּבָחִים, הַרְאִיתֶם (19,9¹); הֲיְדַעְתֶּם, הַמְעַט (19,9f.).

2. הֶחָפֵץ, הַהוּא, הֶעָבֵד, הַאַתָּה (19,11ff.), הַיְהוָה (12,10).

3. הֶחָזָק, הֶהָיְתָה; הֶאָפֵס (19,15f.)

4. הֲטֶרֶם (13,19²).

Note הַאִם, הֲלֹא; הַאַף, הֲגַם, הֲכִי.

CHAPTER III. NOUN A. VERB.

XVIII. ROOTS A. STEMS.

1. ’a, ya, ka, na, ta, etc. (*demonstrative* roots); נגח, יגר, זול (*descriptive* roots).

2. נגח, נגע, נגף ([secondary] roots): נג (*primary* root); יגר, גור : גר ; זול, זלל : זל.

3. קטל (*completely* developed *triliteral*); סבב (*incompletely* developed trilit.); כרסם (*polyliteral*).

4. קטל, סבב (*strong* root); נפל, סלק, לקח (*liquid* roots); אסף, ראש, מצא (*weak* roots); ישב, קום, גלה (=*גלי) (*semivocalic* roots).

5. קטל (*non-guttural* root); שלח, שחט, עמד (*guttural* roots).

6. קטל (*simple* stem); קטל (*intensive*); הקטל (*causative*); התקטל, נקטל [*הנקטל] (T a. N *reflexive*).

A. STRONG TRILITERALS (NON-GUTTURAL).

A. THE SIMPLE STEM.

1. NOUNS.

XIX. PRELIMINARY OBSERVATIONS.

A. NOUN A. VERB.

זכר: זֹכֵר, זֵכֶר, זִכָּרוֹן (*noun*) ; זָכַר, יִזְכֹּר (*verb*).

B. NOMINAL FORMATION.

גִּבּוֹר, גֶּבֶר (*simple* a. *sharpened* formations); מִפְקָד, פִּקָּדוֹן (with *preformatives* a. *afformatives*).

C. NOMINAL INFLECTION.

פָּקִיד, פְּקִידִים; פְּקִיד הַבַּיִת, פְּקוּדֵי יְהוָה; פְּקֻדּוֹת, פְּקֻדַּת הָאָדָם, פְּקֻדָּה; פְּקוּדֶיךָ הָעִיר.

D. PRINCIPLES OF CLASSIFICATION.

1. מֶלֶךְ, מַלְכָּה (*masculine* a. *feminine* nouns).

22 XX. FIRST CLASS OF NOUNS.

2. מלך (orig. malku[n]), פָּקִיד (paqîd) (*mono-syllables* a. *dissyllables*).

3. דָּבָר (dabar), עוֹלָם (ʿâlam), צַדִּיק, פקיד, מִכְשׁוֹל (with *mutable* a. *immutable* vowels).

a. MASCULINE NOUNS.

XX. FIRST CLASS. ONE (SHORT) VOWEL IN THE SYLLABLE OF THE STEM (CVCC).

1. qatl

S. abs. a. cstr.	dar′k(u)=dè′reк[1]	דֶּרֶךְ
	dar′kiy(a)=darkî′[2]	דַּרְכִּי
P. abs.	dara′kîm=derāкîm′[3]	דְּרָכִים
cstr.	da′rakai=dareкê′[4]	דַּרְכֵי אִישׁ
	dara′kaiy(a)=derāкay′[3]	דְּרָכַי
	da′rakaikum′=dareкêкem′[4]	דַּרְכֵיכֶם
D. abs.	rag′laim=ragla′yim[2]	רַגְלַיִם
cstr.	rag′lai=raglê′[2]	רַגְלֵי מְבַשֵּׂר

2. qitl, sipr [6]סֵפֶר, סִפְרִי; sipar סְפָרִים, סִפְרֵי הַמֶּלֶךְ [סְפָרַי, סִפְרֵיכֶם]; qibs קְבָצִים.

3. qutl, qudš [6]קֹדֶשׁ, קָדְשִׁי; buqar בְּקָרִים, קָדְשֵׁי יְהוָה [בָּקָרַי, קָדְשֵׁיכֶם]; mutn מָתְנֵי אִישׁ, מָתְנַיִם.

[1]a *flattened* to è; second e *faint* remnant of a fuller vowel; [2]a, i or u[o] *remains* in closed syllable; [3]*unaccented* v reduced to *e*; (orig.) *accented* a *produced* to ā; [4]v remains in *loosely* closed syllable (second v not altogether lost); [5]*accented* i *produced* to ē; [6]*accented* u[o] produced to ō.

NOTES. 1. נֵרְדְּ. זֵכֶר a. זֵכֶר. מֶלֶךְ, כֶּרֶם (בֶּרֶךְ). בִּרְכֵּי יוֹסֵף, בִּרְכַּיִם ; זִכְרִי.—2. קֹשְׁטְ (קֹשֶׁט). קָמְצוֹ (4, 5; u its *homogeneous* vowel).—3. נְפָשׁוֹת (נֶפֶשׁ), נַפְשׁוֹת אֶבְיוֹנִים. קֳדָשִׁים a. שֳׁרָשִׁים (qo-, šo-).—4. בִּגְדֵי a. יְקָבֶךָ ; כַּסְפֵּיהֶם†.—5. קַרְנַיִם a. קְרָנִים, דְּרָכִים.

XXI. SECOND CLASS. SHORT VOWELS IN BOTH SYLLABLES OF THE STEM (CVCVC).

4. qatal

S.	abs.	da'bar=dāBār'	דָּבָר
	cstr.	dabar'=deBar'	דְּבַר יהוה
		daba'riy(a)=deBārî'	דְּבָרִי
		daba'raka'=deBā'reKā'	דְּבָרְךָ
		daba'rakum=deBareKem'	דְּבַרְכֶם
P.	abs.	daba'rîm=deBārîm'	דְּבָרִים

24 XXI. SECOND CLASS OF NOUNS.

cstr. da'barai=diBerê' (12,13) דִּבְרֵי הָעָם

daba'raiy(a)=deBāray' דְּבָרַי

da'baraikum'=diBerêKem' דִּבְרֵיכֶם

D. abs. kana'paim=kenāPa'yim כְּנָפַיִם

ka'napai=kanePê' כַּנְפֵי נְשָׁרִים

5. qatil, za'qin=zāqēn' זָקֵן, זְקַן בֵּיתוֹ (a for ē), זִקְנֵי זְקֵנִים, זִקְנֵי יִשְׂרָאֵל, זְקֵנַי, זְקֵנֵיכֶם; זְקֵנֶיךָ·

6. qatul, qa'ṭun =qāṭōn' קָטֹן, קְטֹן בָּנָיו; ba'rud בְּרֻדִּים (20,3').

NOTES. 1. גְּמַלִּים† (גָּמָל), גְּמַלֵּי אֲדֹנָיו, מִגְּמַלֵּי, לִגְמַלֶּיךָ, וְלִגְמַלֵּיהֶם (9). — 2. לְבֶן־שְׁנָתַיִם† (labin; e for ē in *ligature*); גָּזֵל, גְּזֵל אָח; כָּבֵד, כְּבַד־פֶּה a. גְּדֵרֹתָיו†, יְשֵׁנֵי† עָפָר· כְּבֶד עָוֹן

7. qital כִּשְׁפַל הַקּוֹל; dibaš' דְּבַשׁ, דִּבְשִׁי(=diBešî').

8. qitil בְּבִגְדוֹ.

9. qutul מָלָךְ־מֶלֶךְ (o for ō in *ligature*), בְּמָלְכוֹ.

XXII. THIRD CLASS. SHORT VOWEL IN THE FIRST, LONG VOWEL IN THE SECOND SYLLABLE OF THE STEM. (CVCVĈ).

10. qatâl, ka'bâd=kāBÔD' (18,18) כָּבוֹד, כְּבוֹד מלכים, כְּבוֹדִי, כְּבוֹדְךָ, כְּבוֹדְכֶם; גְּדוֹלִים, גְּדֹלֵי הָעִיר, גדליו.

11. qatîl פָּקִיד, פְּקִיד הַלְוִיִּם, פְּקִידוֹ; פְּקִידִים.

12. qatûl בָּרוּךְ, בְּרוּךְ יהוה; בְּרוּכִים, בְּרוּכֵי יהוה.

13. qitâl (qutâl) כְּתָב, בִּכְתָב אֱמֶת, ככתבם; כְּפוֹר, כְּפוֹרֵי זהב.

14. qitîl (qutîl) כְּפִיר, כְּפִירִים.

15. qitûl (qutûl) גְּבוּל, גְּבֻלֹת עַמִּים.

XXIII. A. FOURTH CLASS. LONG VOWEL IN THE FIRST, SHORT VOWEL IN THE SECOND SYLLABLE (CV̂CVC).

16. qâtal (4) עוֹלָם, 'âla'mîm = 'ô'lāmîm' עוֹלָמִים, עוֹלְמֵי עַד (the *tone recedes* before a word commencing in an accented syllable).

17. qâtil שֹׁפֵט, שֹׁפֵט צדק, שֹׁפְטִי, יֹצְרֶךָ, שֹׁמְרֶךָ; שֹׁפְטִים, שֹׁפְטֵי אָרֶץ, שֹׁפְטֶיךָ.

B. FORMATIONS OF EQUAL INFLECTION.

19. qattal אַיָּל, הָאַיָּלִים.

20. qittil אִלֵּם, אִלְּמִים; עִוְּרִים (cf. 20, 3³; 4, 3).

21. (ma'qatal)maq'tal מִקְדָּשׁ. מַלְמַד הַבָּקָר (24,1), מִסְפַּרְכֶם; מִקְדָּשְׁךָ, מִקְדָּשַׁי, מִקְדַּשׁ יהוה מִשְׁמַנֵּי הָאָרֶץ. מִקְדְּשֵׁי אֵל, מִקְדָּשִׁים (24,12).

22. maqtil מַסְגֵּר. מִסְפֵּד, מִסְפַּד תַּמְרוּרִים † (24,7), מִסְפְּדִי.

XXIV. FIFTH CLASS. IMMUTABLE VOWELS IN BOTH SYLLABLES (CV̂CV̂C).

27. qattâl גַּנָּב. qittâl אִכָּר, אִכָּרִים, אִכָּרֵיכֶם; גִּבּוֹר.

28. qattîl צַדִּיק. ‖ 29. qattûl שַׁכּוּל.

30. maqtâl מַלְקוֹשׁ. מִסְתּוֹר. ‖ 32. maqtûl מַלְבּוּשׁ.

33. taqtîl תַּלְמִיד. ‖ 34. taqtûl תַּגְמוּל.

XXV. b. FEMININE NOUNS.

A. MODE OF FORMATION.

1. mal'kat=malkā' מַלְכָּה; ṣada'qat=ṣ^{e}Dāqā' צְדָקָה; gadâ'lat=g^{e}Dôlā' גְּדוֹלָה; šâ'piṭat=šō'P^{e}ṭā'

XXV. FEMININE NOUNS. 27

שֹׁפְטָה, bâgi'dat=bô'gedā' בֹּגְדָה; śakkû'lat=śak-kûlā' שַׁכֻּלָה.

2. gibart' (gibirt') = geBè'ret (23,1) גְּבֶרֶת; חֹתֶמֶת; שֹׁקֶטֶת; קְטֹרֶת.

3. אַיָּלָה a. אַיֶּלֶת, אַיֶּלֶת הַשַּׁחַר; מַמְלָכָה. מַמְלֶכֶת כֹּהֲנִים.

B. FIRST CLASS. CVCC—AT.

1-3. מַלְכָּה, מַלְכַּת שְׁבָא, קַדְמָתָהּ; מְלָכוֹת. כַּבְשָׂה a. כִּבְשָׂה, גִּבְעָתָה (17,13), כִּבְשַׂת הָאִישׁ; כְּבָשׂת, כִּבְשׂת הַצֹּאן. רִקְמָתַיִם.

C. SECOND CLASS. CVCVC—AT.

4. צְדָקָה, צִדְקַת הַצַּדִּיקִים, צִדְקָתִי, צִדְקָתְךָ; צְדָקוֹת, צִדְקוֹת יהוה, צִדְקֹתֵינוּ. Note קְטַנָּה; בִּרְכַּת יהוה but בִּרְכָתִי.

5. נְבֵלָה, נִבְלַת הָאָדָם, נִבְלָתִי†, נִבְלָתְךָ, נִבְלָתוֹ. לְבֵנָה, לְבֵנִים. Note גְּזֵלַת הֶעָנִי .

6. גְּדֻלָּה, גְּדֻלַּת מָרְדֳּכַי, גְּדֻלָּתְךָ; גְּדֻלּוֹת.

7. קִרְבַת אֱלֹהִים ‖ 9. קְרֵבָה, לְקָרְבָה, וּבְקָרְבָתָם.

D. THIRD CLASS. CVCV̂C—AT.

10 (13). גְּדוֹלָה ; גְּדֹלוֹת.

11 (14). נְתִיבָה ; נְתִיבָתִי , נְתִיבוֹת.

12 (15). יְסֻדָתוֹ ; עֵינַי שְׁמֻרוֹת.

E. FOURTH CLASS. CV̂CVC—(A)T.

16. 17. יֹלֶדֶת , שִׁפְחָה . כֹּתֶרֶת , כֹּתָרוֹת. יוֹלַדְתּוֹ , יוֹלַדְתְּכֶם ; הוֹלְדוֹת.

19.20 (27). אַיָּלוֹת , אַיֶּלֶת הַשָּׂדֶה (26,3'). אִוֶּלֶת , אִוַּלְתִּי . יַבָּשָׁה a. יַבֶּשֶׁת , בִּיבֹּשֶׁת.

21. מַמְלַכְתִּי ; מַמְלָכוֹת , מַמְלְכוֹת הַגּוֹיִם. מִשְׁמֶרֶת , מִשְׁמַרְתְּךָ ; מִשְׁמָרוֹת. Note מִשְׁמְרֹתָם (17,10').

22. מִכְשֵׁלָה ; מִזְמֵרוֹת , מִזְמְרוֹתֵיכֶם.

23. מַתְכֻּנְתּוֹ , מַתְכֹּנֶת הַלְּבֵנִים.

24. תְּפִלָּתְךָ . תְּפִלַּתְךָ ‖ 25. תַּרְדֵּמָה , תַּרְדֵּמַת יהוה.

26. תִּלְבֹּשֶׁת.

Note כְּתֹנֶת † . שִׁכְנָתֵךְ . גְּבִרְתָּהּ , גְּבִרְתֵּךְ , גְּבֶרֶת

(26,6[3]), כֻּתָּנוֹת; כתנתך, כֻּתָּנְתִּי, כְּתֹנֶת יוֹסֵף

(note *o*, not *e*!), בְּכָתְנֹתָם, כָּתְנוֹת עוֹר (28,12).

F. FIFTH CLASS. CÛCÛC—AT.

28. עֲלִיזָה. ‖ 29. שַׁכְּלָה. ‖ 34. תַּחְבּוּלוֹת.

XXVI. c. NOUNS W. PREFORMATIVE א OR י.

35. ('a'qatal[,'i'qatal]=) 'aq'tal ['iq'tal] אַרְגָּז;

אַכְזָב. אֶשְׁכָּר. אלמנותיך, אלמנות, אַלְמָנָה

36. 'aqtil אַבְנֵט. ‖ 37. 'aqtul אַשְׁמֹרֶת ('alep of *euphony*?), אשמרת הבקר.

38. 'aqtâl ('iqtâl) אֶגְרֹף.

39. 'aqtûl אַשְׁמוּרָה; אשמרות.

40. (ya'qatal=) yaq'tal יִצְהָר (26,4[2]).

41. yaqtûl יַלְקוּט.

XXVII. d. NOUNS W. AFFORMATIVE ÂN.

43. qitlân כִּשְׁרוֹן. כִּבְשָׁן.

44. qutlân קָרְבָּן; קָרְבַּן הָעָם, קָרְבַּן הָעֵצִים, קָרְבָּנֵיהֶם.

45. qata'lân (qita'lân) פִּדְיוֹן. זִכָּרוֹן (1), הַזִּכְרֹנוֹת; זִכְרוֹנֵךְ, זִכְרוֹן תְּרוּעָה.

XXVIII. c. PARTICLES.

1. ADVERBS. קָדִימָה (27,9³). טֶרֶם, תָּמִיד.

2. PREPOSITIONS. darka halmadbari דֶּרֶךְ הַמִּדְבָּר (*adverbial* accus.), הַמְּלָאכָה לְרֶגֶל, לְרַגְלִי. בְּקֶרֶב הָאָרֶץ, בְּקִרְבִּי.

3. CONJUNCTIONS. טֶרֶם, בְּטֶרֶם, מִטֶּרֶם.

4. INTERJECTIONS. חָלִילָה.

2. VERBS.

XXIX. PRELIMINARY OBSERVATIONS.

A. VERBAL FORMATION.

1. פָּקַד (assertion of a *fact*), זָקֵן (of a *quality*), יָכֹל (of a quality conceived of as *inherent*) =paqada, zaqina, yakula (MIDDLE A, I and U VERBS).

2. Cf. the Arabic: qatala, qutila (*active* a. *passive* voices; the pass. of the simple stem defunct in Hebrew).

3. פקד : פָּקַד , יִפְקֹד (*perfect* a. *imperfect* tenses).

B. VERBAL INFLECTION.

1. קָטַל, קָטַלְתָּ, קָטַלְתִּי (*third*, *second* a. *first* persons).

2. קָטַל, קָֽטְלָה (*masculine* a. *feminine* genders).

3. קָטַל, קָֽטְלוּ (*singular* a. *plural* numbers).

4. קָטַלְתִּי אֹתְךָ=קְטַלְתִּיךָ (*verb* with the accus. of the pers. pron., *w. suffixes*).

a. MIDDLE A VERBS.

XXX. THE PERFECT.

A. THE FORMS OF THE PERFECT.

SINGULIAR.

3 p. m. qa′tal(a)=qātal′[1]	קָטַל
" " f. qa′talat=qā′*e*lā′[2]	קָֽטְלָה
2 " m. qa′tal(a)ta′=qātal′tā[3]	קָטַלְתָּ
" " f. qa′tal(a)ti=qātalt′[4]	קָטַלְתְּ
1 " c. qa′tal(a)tiy′=qātal′tî[5]	קָטַלְתִּי

PLURAL.

3 " " qa′talû(n)=qā′t*e*lû(n)′[6]	קָֽטְלוּ
2 " m. qata′l(a)tum=q*e*taltem′[7]	קְטַלְתֶּם
" " f. qata′l(a)tun=q*e*talten′[7]	קְטַלְתֶּן
1 " e. qa′tal(a)nû′=qātal′nû[8]	קָטַלְנוּ

[1]23, 16; note *principle of differentiation* (ā in the noun, a in the verb); [2]26, 17; 23, 3; note the *differ-*

32 XXXI. MIDDLE A VERBS. IMPERFECT.

ence in accent! [3]ta ‖ 'anta (13, 19); *the final stem vowel lost* (cf.[1]), [4]ti ‖ 'anti(n) (14,1). [5]tiy ‖ 'anakiy (a) (13,19); t for k! [6]û(n)=plural ending *with* or *without* nûnation (14, 12). [7]tum, tun ‖ 'antum, 'antun (14, 1 f.) [8]nû ‖ אֲנַחְנוּ (13, 14).

B. THE PRINCIPAL FORMS.

1. קָטַל קָטָ֑ל (*bare*[perfect tense-] *stem*).
2. קָֽטְלָה קָטָ֫לָה [qātā'lā] (*vocalic* afformative).
3. קָטַ֫לְתָּ קָטָ֑לְתָּ (*unaccented consonantal* afform.).
4. קְטַלְתֶּם (*accented* cons. afform.).

NOTES. 1. כָּרַ֫תִּי (=kārat'tî, 14, 4 f.). כָּרָ֑תָּ.— 2. זָכַר־לָנוּ (25, 17 f.). מְדַבֶּר־לוֹ (11, 12); קָֽפְצָה פִּיהָ (dageš forte *conjunctive*); טְמָנוּ־לִי, מָֽשְׁלוּ בוֹ.

C. THE PERFECT INFINITIVE.

qā'tâl (nominal form. 10) קָטוֹל (infin. *absolute*).

D. THE PERFECT CONSECUTIVE.

וְקָטַלְתִּ֫י, וְקָטַלְתָּ֫; וְקָטַלְנוּ; וְקָֽטַלְתִּי, וְקָֽטַלְתָּ (cf. 13, 1–4).

XXXI. THE IMPERFECT.

A. THE FORMS OF THE IMPERFECT.

SINGULAR.

3 p. m. ya'q(u)tulu=yaq'tul(u)=yiqtōl'[1] יִקְטֹל

3 p. f. taq'tul(u)=tiqtōl'[2] תִּקְטֹל

2 " m. taq'tul(u)[3] תִּקְטֹל

" " f. taq'tuli(n)=tiqtᵉlî(n)'[4] תִּקְטְלִי(ן)

1 " c. 'aq'tul(u)='èqtōl'[5] אֶקְטֹל

PLURAL.

3 " m. yaq'tulû(n)=yiqtᵉlû(n)'[6] יִקְטְלוּ(ן)

" " f. taq'tul(u)na'=tiqtōl'nā[7] תִּקְטֹלְנָה

2 " m. taq'tulû(n)=tiqtᵉlû(n)'[8] תִּקְטְלוּ(ן)

" " f. taq'tul(u)na'[9] תִּקְטֹלְנָה

1 " c. naq'tul(u)=niqtōl'[10] נִקְטֹל

[1]ya=(? Cf. nom. form. 40)wa‖huwa; cf. 26,4; 29,12; 23,6. [2]ta ‖ at (31,20). [3]ta‖'anta (cf. also nom. form. 33). [4]ta‖'anta, i(n)‖'anti(n); 31,20[2]. [5]'a‖'aniya (13,19; cf. also nom. form. 35). [6]û(n) 32,3. [7]cf.[4]; na‖'antunna (14,2); cf. [1]. [8]cf.[4] [6]. [9]cf.[4]; na‖hunna (14,4). [10]na ‖ אֲנַחְנוּ (נַחְנוּ); cf. also the N REFLEXIVE.

B. THE PRINCIPAL FORMS.

1. יִקְטֹל (*no* afformative).

2. תִּקְטְלִי תִּקְטֳלִי [taqtu'li=tiqtō'lî] (*vocalic* afform.).

3. תִּקְטֹלְנָה (*consonantal* afform.).

Note יִשְׁכָּר־עִיר (24,17'); יִלְקֳטוּן, תִּשְׂרְפוּן.

XXXII. THE IMPERFECT-CONTINUED.

A. REMNANT OF THE ENERGETIC MOOD.

'aq'tula(n)='èqtelā' אֶקְטְלָה; 'aqtu'la(n) = 'èqtō'lā אֶקְטֳלָה: אֶקְטֹלָה, נִקְטְלָה, נִקְטֳלָה (*cohortative*). Note אֶשְׁקֳטָה (qere for אשקוטה keTIB; 3,18); וְאֶדְרְשָׁה־בָּהּ (32,13).

B. THE JUSSIVE (OPTATIVE).

yaq'tul יִקְטֹל. Note יִזְכָּר־נָא (4). אַל תזכר־ לָנוּ, אַל־תִּשְׁפְּכוּ (*prohibitive*).

C. THE IMPERATIVE.

SINGULAR.

m. qutul' = qetōl' קְטֹל

f. qu'tuli, qi'tuli=qitelî' קִטְלִי

PLURAL.

m. qu'tulû, qi'tulû=qitelû' קִטְלוּ

f. qutul'na=qetōl'nā קְטֹלְנָה.

D. THE PRINCIPAL FORMS OF THE IMPERATIVE.

1. קְטֹל 2. קִטְלִי·קְטֹ֫לִי (qutu'li) 3. קְטֹ֫לְנָה.

NOTES 1. זְכָר־נָא.—2. מַלְכִי t.—3. qu'tula(n)= qotelā' קָטְלָה, qutu'la(n)=qetō'lā קְטֹ֫לָה (*emphatic imperative*). זָכְרָה־לִּי (34,10).

E. THE IMPERFECT CONSECUTIVE.

1. wayyaq'tul וַיִּקְטֹל; וָאֶקְטֹל (12,18).

2. וַתִּקְטְלִי וַתִּקְטֹ֫לִי.

3. וַתִּקְטֹ֫לְנָה.

F. THE IMPERFECT INFINITIVE.

qutul' (the *bare*[imperfect tense-]*stem*; cf. nom. form.9)=qetōl' קְטֹל (infin. *construct*). Note מְלָךְ־ מֶ֫לֶךְ; לִכְתֹּב (note *firm* closing!).

G. THE PARTICIPLES.

1. qâtil (nom. form. 17) קֹטֵל (*active*).

2. qatûl (" " 12) קָטוּל (*passive*).

XXXIII. b. VERBS MIDDLE I AND U.

PERF. ka'bid(a)=kāBēD' (23,5) כָּבֵד

ka'bidat=kā'BeDā' (23,3) כָּבֵֽדָה כָּבֵדָה כָּבְדָה (32,8)

ka'bidta'=kāBaD'tā (26,7[3]) כָּבַֽדְתָּ כָּבֵדְתָּ כָּבַדְתָּ

kabid'tum=keBaDtem' כְּבַדְתֶּם

qa'ṭun(a)=qāṭōn' (23,6) קָטֹן

qa'ṭunat=qā'ṭenā' (23,3) קָֽטֹנָה קָטֹנָה קָטְנָה (3[2])

qa'ṭunta'=qā'ṭōn'tā (24,8[2]) קָטֹנְתָּ

qaṭun'tum=qeṭontem' קְטָנְתֶּם

INF. ABS. כָּבוֹד (by *analogy*; cf. 32,16).

IMPF. ya'k(a)badu, ya'k(i)badu,
yak'bad(u)=yiKbaD' (32,21) יִכְבַּד יִכְבָּֽד

tak'badi'=tiKbeDî תִּכְבְּדִי תִּכְבָּֽדִי

tak'bad(u)na'=tiKbaD'nā תִּכְבַּדְנָה

IMP. kabad',kibad'=KeBaD' כְּבַד כְּבָֽד

ka'bada(n),ki'bada(n)=kiBeDā' כִּבְדָה כְּבָֽדָה

כִּבְדִי כְּבָֽדִי

כְּבַדְנָה

INF CSTR. כְּבֹד (36,11; cf. 35,12)

NOTES. 1. זָקֵן, וַיִּזְקַן; גָּבַר (36,4), גָּבֵרוּ, יִגְבַּר;
יִצְדַּק; שָׁכַב, שָׁכָב, יִשְׁכַּב. But שָׁכַן, שָׁכֵן, יִשְׁכֹּן.
תִּקְצָר a. יִקְצַר־אוֹן. וַתִּקְטַן.—2. תִּרְבָּקִין, תִּשְׁכְּבוּן.
תִּשְׁכָּבוּן.—3. וַיִּשְׁלָם, וּשְׁלָם; שְׁכֹן, שְׁכָן־אֶרֶץ; שִׁכְבָה
but יִקְרַב, †קָרְבָה (35,5), וַיִּרְגַּז, רָגָזָה.—4. שְׁפַל
הַקּוֹל a. שְׁכַב־הַמֶּלֶךְ†. בְּקֶרֶב־אִישׁ (34,8[1]), לְקָרְבָה.
—5. זָקֵן, קָרוֹב, צַדִּיק; שְׁכֻלָה (cf. שָׁכֹלְתִּי),
מִלְחָמָה לִמּוּדֵי; שֹׁכֵב, בָּרוּךְ.

XXXIV. B. THE INTENSIVE STEM.

A. 1. NOUNS.

10 a. qattâl(at) בַּקָּרַת רֹעֶה (dageš forte for *intensity*), בַּקָּשָׁתִי.

15 a. qittûl שִׁמֻּרִים, שִׁלּוּם.

2. VERBS.

B. ACTIVE.

PERF. qat'tal(a), qat'til(a), qit'til(a) = qittēl'[1]	IMPF. yaqat'til(u) = yeqattēl'[4]	IMP. qat'til = qattēl'
קִטֵּל	יְקַטֵּל	קַטֵּל

38 XXXIV. THE INTENSIVE STEM.

קַטְּלִי   תְּקַטְּלִי   קִטְּלָה

קַטֵּלְנָה   תְּקַטֵּלְנָה   קִטַּלְתָּ

INF. ABS. qattâl[3]   INF. CSTR. קַטֵּל[6]

(קַטֹּל)   PART. maqat'til-

קַטֵּל[4]   u(n)=meqattēl[4]   מְקַטֵּל

[1]second i *introduced* from the imperf. stem; first i by *assimilation* to the second (12,9); 36,2. [2]cf. nom. form. 10 a. [3]corresponding to qattil(a). [4]i the *characteristic* vowel of the impf. stem (active).

[6]קַטֵּל : יְקַטֵּל = קְטֹל : יִקְטֹל (cf. 35,12).

NOTES. 1. גִּדֵּל (37,2[3]); דִּבֶּר, כִּבֶּס a. כִּפֶּר (c for ē). קַטֵּל, דַּבֵּר, כַּבֵּס, לְקַטָּה, דִּבַּרְתִּי.—2. תְּדַבְּרוּן, וָאֲדַבֵּר ;וַנְּבַשֵּׁל, וַתְּדַבֵּר, (12,18) וַיְדַבֵּר. תְּדַבֵּרוּן (12,18). וַיְכַזֵּב (13,3[5]), וַתְּדַבֵּר (13,3[1]), וָאֲדַבְּרָה (13,2[1]).—3. סַפְּרָה־נָּא (35,6).—4. הַמְבַשֵּׂר. הַמְדַבְּרִים, מְבַשֶּׂרֶת צִיּוֹן (28,13), מְכַשֵּׁפָה. מְדַבֶּרֶת הַמְבַשְּׂרוֹת ;בֵּית הַמְבַשְּׁלִים.—5. בִּקְשָׁה (28,8), בִּקְשׁוּ־לִין, מְבַקְשֵׁי־נֶפֶשׁ. בַּקְּשׁוּ־צֶדֶק, —6. תְּבַקְּשִׁי,

(24,11[3]), יְבַקֶּשׁ־לוֹ ,קַדֶּשׁ־לִי ,דַּבֶּר־שֶׁקֶר ,מְבַקֶּשׁ־ שַׁקֵּר.

C. PASSIVE.

PERF. qut'til(a), qut'tal(a) =quttal'[1] קֻטַּל
קֻטְּלָה
קֻטַּלְתָּ

IMPF. yaqut'tal(u) = yequttal'[3] יְקֻטַּל
תְּקֻטְּלִי
תְּקֻטַּלְנָה

INF. ABS. quttâl[2] קֻטֹּל

INF. CSTR. (קֻטַּל[4])

PART. maqut'talu(n) = mequttāl'[5] מְקֻטָּל

[1]a *introduced* from the impf. stem. [2]corresponding to quttal(a). [3]a *characteristic* vowel of the impf. (passive). [4]יְקַטֵּל : קַטֵּל = יְקֻטַּל : קֻטַּל (38,11). [5]cf. [3] and 31,10.

Note יְדֻבָּקוּ (38,18[3]), וְתִבֻקְּשִׁי. גֻּנַּב. בֻּשְּׁלָה. הַמְקֻדָּשִׁים, מְלֻמָּדָה; מְסֻתָּרֶת, מְסֻגֶּרֶת, הַמְקֻדָּשׁ, מְלֻמְּדֵי מִלְחָמָה.

XXXV. C. THE CAUSATIVE STEM. VERBS.

A. ACTIVE.

PERF. ha'q(a)tala= haq'tal(a), haqti-l(a), hiqtil(a) = hiqtîl'[1] הִקְטִיל

IMPF. yaha'q(a)-tilu= yahaq'-til(u) = yaq-til'[3] יַקְטִיל

JUSSIVE yaq'til= yaqtēl'[6] יַקְטֵל

40 XXXV. THE CAUSATIVE STEM.

הַקְטֵל[7] IMP. תַּקְטִילִי[6] הִקְטִילָה[8]

הַקְטִילִי[7] תַּקְטֵלְנָה[6] הִקְטַלְתָּ

הַקְטֵלְנָה INF. CSTR. הַקְטִיל[5] INF. ABS. הַקְטֵל[2]

PART. mahaq'tilu(n)=

maq'til=maqtîl'[3] מַקְטִיל

[1] ha=*augment* of the caus. stem (active); second i *introduced* from the imperf. (cf. 38,7) and *irregularly* produced to î; first i by *assimilation* to the second (cf. 38, 8). [2]corresponding to haqtil(a) (cf. 38, 9[3]). [3]i *characteristic* vowel of the imperf. stem (active); cf. (38,10); 12, 15; cf.[1]. [4]*regular* production in closed syllable in the beginning or middle of a word (*doubly* closed syll.); *long* vowels not tolerated there. [5]הַקְטִיל: yahaqtil = קְטַל: יַקְטֵל (39, 13). [6]cf.[4]; *tendency* of the jussive towards *shortening* the form. [7]note the relation of juss. a. imp.[8] note the accent!

NOTES. 1. וְהִכְרִיתָה (cf.[8] a. 32, 17), וְהִכְרַתִּי (32, 11). הִקְדַּשְׁנוּ. — 2. וַיַּשְׁלֵךְ. תַּשְׁלִכוּן, יַקְטִרוּן, מַזְכֶּרֶת עָוֹן. לְהַבְדִּיל. הַשְׁקִיפָה. — 3. וָאַמְלִיךְ. אַל־תַּשְׁלֶט־. — 4. מַצְדִּיקֵי, רָשָׁע, מַקְטִירִים: מַשְׂכֶּלֶת הִסְכַּנְתָּ־נָא. בִּי,

B. PASSIVE.

PERF. hu'q(u)tila = huq'til(a), huq'tal(a) =hoqtal'[1]		IMPF. yahu'q(u)talu =yuq'tal(u)=yoq-tal'[3]		PART. mahuqta-lu(n)= muq'tal= moqtāl'[5]
	הָקְטַל		יָקְטַל	
	הָקְטְלָה		תָּקְטְלִי	
	הָקְטַלְתָּ		תָּקְטַלְנָה	
INF. ABS.	[2]הָקְטֵל	INF. CSTR.	[4]הָקְטַל	מָקְטָל

[1]hu=*augment* of the caus. stem (passive); a *introduced* from the impf. stem (cf. 39,11). [2]corresp. to huqtil(a). [3]a the *characteristic* vowel of the impf. stem (passive). [4]הָקְטַל: yahuqtal(u)=הַקְטִיל: yahaqtîl (40,14). [5]cf. 39,14.

Note הָפְקַד (הָשְׁכַּב), תָּקְטָר a. יָשְׁלָכוּ, מָשְׁלֶכֶת (מְשֻׁזָּר).

D. THE REFLEXIVE STEMS. VERBS.

XXXVI. THE T REFLEXIVE.

PERF. hit(a)qat'tala= hitqat'tal(a), hitqat'-til(a) = hiтqattēl'[1]		IMPF. yahitqat'-til(u) =yitqat'-til(u)= yiтqat-tēl'[4]		IMP. hit—
	הִתְקַטֵּל		יִתְקַטֵּל	הִתְקַטֵּל
	הִתְקַטְּלָה		תִּתְקַטְּלִי	הִתְקַטְּלִי
	[2]הִתְקַטַּלְתָּ		[2]תִּתְקַטֵּלְנָה	הִתְקַטֵּלְנָה

42 XXXVI. THE T REFLEXIVE.

INF. ABS. הִתְקַטֵּל[5] INF. CSTR. הִתְקַטֵּל[5]

PART. mahitqat'tilu(n)=
mitqat'til=miᴛqattēl[1] מִתְקַטֵּל

[1]ta=*augment* of the T reflex. stem; hi—an *element of euphony* (cf. 29,8[2]) added to the augment, after the latter had lost its vowel; the remainder =qattil(a), cf. 37,18. [2]cf. 38,2[1]; the principle carried by *analogy* into the imperf. stem. [3] corresp. to hitqattil(a), cf. 38,9[3]. [4]cf. 40,11; ib. 10. [6]הִתְקַטֵּל : yahitqattil(u) = הָקְטַל : yahuqtal(u) (41,12).

NOTES. 1. הִשְׁתַּמֵּר, הִשְׁתַּכֵּר, הִסְתַּתֵּר (hiqtattala; 3,19); הִצְטַדֵּק (ṭ for t after ṣ; ib.); מִדַּבֵּר (t *assimilated* to d; 18,9[2]).— 2. הִתְקַצַּף (hitqattala). נִתְקַטַּל. imp. הִתְקַטַּל (a *introduced* from the perf. stem.)—3. יִתְקַדָּשׁוּ, יִתְגַּבָּר, הִתְקַדָּשׁוּ, imp. הִתְקַדָּשׁוּ. תִּשְׁתַּכָּרִין, יִתְפַּלָּצוּן.—4. וְהִתְגַּדִּלְתִּי †וְהִתְקַדִּשְׁתִּי (i *reintroduced*, because not under the stress of the accent). †תִּשְׁתַּפַּכְנָה.—5. מִתְקַדֶּשֶׁת. —6. Passive: hutqattil(a) (41,9; ib. 2): הֻכַּבֵּס אֶת־הַנֶּגַע (t *assimilated* to k, 14; note i!) a. הָתְפָּקְדוּ (cf. 39,15[3]; 18,10[3]).

XXXVII. THE N REFLEXIVE.

PERF.	IMPF.	IMP.
na'qatal(a) =naq'tal(a) = niqtal'[1]	yahin(a)-qa'til(u) = yinqa'til(u) = yiqqātēl'[5]	hinqa'til = hiqqātēl'
נִקְטַל	יִקָּטֵל	הִקָּטֵל
נִקְטְלָה	תִּקָּטְלִי	הִקָּטְלִי
נִקְטַלְתָּ	תִּקָּטַלְנָה[6]	הִקָּטַלְנָה[6]

INF. ABS. [2]נִקְטֹל INF. CSTR. [7]הִקָּטֵל

(הִקָּטֵל[3], הִקָּטֹל[4])

PART. naq'talu(n) =niqtāl'[8] נִקְטָל

[1]na = *augment* of the N reflex. stem, added to the simple stem; 36, 13. [2]נִקְטֹל : נִקְטַל = קָטוֹל : קָטַל (32, 15). [3] *assimilated in form* to the impf., with which it is most frequently used. [4]characteristic vowel of the perf. reintroduced. [5] i *characteristic* vowel of the impf. stem (active) (42, 9[4]); cf. 42, 5 ff.; 42, 21; 31, 9. [6]cf. 42, 7[2]. [7] הִקָּטֵל : yahinqatil(u) = הִתְקַטֵּל : yahitqattil(u) (42, 10). [8]41, 13[5].

NOTES. 1. נִכְרַתָּ (40, 17[2]).—2. אִכָּבֵד (cf. 33, 4) but אִכָּבְדָה, אִכָּבֵדָה. — 3. תִּשָּׁמֵרוּן, יִלָּכֵדוּן;

44 XXXVIII. MIDDLE A VERBS WITH SUFF.

תִּשָּׁבַרְנָה, תִּזָּכַרְןָ.—4. וַיִּמָּלֵט, וַיִּצָּמֶד†, וַיִּגָּמַל† (cf. 38, 12').—5. הִפָּרֶד נָא (32, 12'; cf. 40, 21). Note הִשָּׁמֵר (for *emphasis!*). הִפָּרֶד לוֹט. — 6. נִשְׁבָּרָה, נִשְׁבֶּרֶת; נִשְׁבָּרִים, לְנִשְׁבְּרֵי־לֵב, נִכְבָּדוֹת. Note נִכְבָּדִים but נִכְבַּדֵּי־אָרֶץ (29, 18').

Note the following terms used by mediæval Jewish grammarians (e. g. ABRAHAM IBN EZRA, died 1167, and DAVID QIMHI, died 1235): בִּנְיָן הַקַּל *i. e.* the *light formation* = simple stem (also פָּעַל, from the verb used in their paradigms); ב׳ הַכָּבֵד *i. e.* the *heavy* form. = intensive stem (פִּעֵל = active, פֻּעַל = passive); ב׳ הכבד הַנּוֹסָף *i. e.* the *augmented* heavy form. = causative stem (הִפְעִיל = active, הָפְעַל = passive); הִתְפַּעֵל = the T reflexive and נִפְעַל = the N reflex.

E. THE VERB WITH SUFFIXES.

a. THE SIMPLE STEM.

XXXVIII. MIDDLE A VERBS. PERFECT.

qa'tala = קָטַל (31, 9), קָטַל אֹתִי = qata'laniy(a) = q^e^tāla'nî קְטָלַנִי (note a, though accented!) קְטָלָנִי;

XXXVIII. THE PERF. WITH SUFF. 45

qata'laka' = q*e*tā'l*e*kā' קְטָלְךָ קְטָלֶ֫ךָ: qata'laki = q*e*tālêk' קְטָלֵךְ; qata'la(h)u=q*e*tālô' קְטָלוֹ; qata'lah(a)=q*e*tālāh' קְטָלָהּ. קְטַל אֹתָנוּ=qata'lanû=q*e*tālā'nû קְטָלָנוּ; קְטַל אֶתְכֶם; קְטַל אֶתְכֶן; qata'la'(h)um=q*e*tālâm' קְטָלָם qata'la(h)un=q*e*tālân' קְטָלָן (cf. XII. and note in the first pers. here niy(a), there y(a)).

qa'talat =קְטָלַ֫תְהּ (31, 10). qata'latniy(a) = q*e*tālat'nî קְטָלַ֫תְנִי קְטָלַתְנִי; q*e*ta'lat(a)ka' =q*e*tala'-t*e*kā (the accent does *not* go *beyond* the fem. end.; the penult *loosely* closed) קְטָלַ֫תְךָ קְטָלַתְךָ; qata'lat(a)ki = q*e*tālā'tek (e for ê, because *unaccented*) קְטָלָתֶךְ; qata'lathu=q*e*tālat'hû קְטָלַתְהוּ קְטָלַ֫תְהוּ, qata'lat(h)u=q*e*tālat'tû (the *suppression* of the *breathing emphasises* the preceding consonant; 18, 9) קְטָלַ֫תּוּ קְטָלַתּוּ; qata'lat(h)a'=q*e*tālat'tā— קְטָלַתָּה קְטָלָ֫תְהָ. qata'latnû קְטָלַתְנוּ קְטָלַ֫תְנוּ; קְטָלַת אֶתְכֶם; קְטָלַת אֶתְכֶן; qata 'lat(h)um=q*e*tālā'tam (a for â, 12) קְטָלָתַם; qata'lat(h)un קְטָלָתַן.

46 XXXVIII. THE PERF. WITH SUFF.

qa'talta'=קְטַלְתָּ (31,11). ;קְטַלְתַּנִי ;קְטַלְתָּם ;קְטַלְתָּנוּ ·קְטַלְתָּהּ ;קְטַלְתּוֹ ·קְטַלְתָּהוּ ·קְטַלְתָּן

qa'talti = קְטַלְתְּ (31,12). ;קְטַלְתִּינִי ;קְטַלְתִּיהוּ ·קְטַלְתָּהּ ·קְטַלְתֵּנוּ ;קְטַלְתִּים ;קְטַלְתִּין·

qa'taltiy=קְטַלְתִּי (31,13). ;קְטַלְתִּיךְ ;קְטַלְתִּיךְ ·קְטַלְתִּיהוּ ·קְטַלְתִּיו (16,11; u following upon a *heterogeneous* [5,19] vowel becomes w [3, 3]); ·קְטַלְתָּהּ ·קְטַלְתִּי אֶתְכֶם ;קְטַלְתִּי אֶתְכֶן ;קְטַלְתִּים ·קְטַלְתִּין·

qa'talû = קְטַלוּ (31,15). ;קְטָלוּךְ ;קְטָלוּנִי ;קְטָלוּךְ ;קְטָלֻהוּ ·קְטָלוּהָ ·קְטָלֻנוּ ;קְטַלוּ אֶתְכֶם ;קְטַלוּ אֶתְכֶן ·קְטָלוּם קְטָלוּן·

qatal'tum, qatal'tun=קְטַלְתֶּם, קְטַלְתֶּן (31, 16 f). qataltûniy(a) ·קְטַלְתּוּנִי ;קְטַלְתֻּהוּ ;קְטַלְתּוּהָ ;קְטַלְתֻּנוּ ;קְטַלְתּוּם ;קְטַלְתּוּן·

qa'talnû=קְטַלְנוּ (31,18). ·קְטַלְנוּךְ ;קְטַלְנוּךְ ;קְטַלְנֻהוּ ;קְטַלְנוּהָ ·קְטַלְנוּ אֶתְכֶם ;קְטַלְנוּ אֶתְכֶן ·קְטַלְנוּם ;קְטַלְנוּן·

XXXIX. THE IMPERFECT WITH SUFFIXES.

yaq'tulu=יִקְטֹל (32,21). yaq'tuluniy(a), yaq'-tuliniy(a) (14,2)=yiqtelē'nî יִקְטְלֵנִי; yaq'tulika'=yiqtolеka' (23,4 f.) יִקְטָלְךָ yaqtuli'ka יִקְטְלֶךָּ (45,1²); ya'qtulihû' = yiqtelē'hû יִקְטְלֵהוּ; yaq'tuliha'=yiqtelè'hā יִקְטְלֶהָ (4). יִקְטְלֵנוּ; יקטל אֶתְכֶם; יקטל אֶתְכֶן; יִקְטְלֵם; יִקְטְלֵן.

ta'qtulu=תִּקְטֹל (33,1). Cf. יקטל.

taq'tulu=תִּקְטֹל (33,2). Cf. the preceding (omit the suff. of the 2. pers.).

ta'qtuli'=תִּקְטְלִי (33,3). תִּקְטְלִינִי; תִּקְטְלִיהוּ; תִּקְטְלֶיהָ. תִּקְטְלִינוּ; תִּקְטְלִים; תִּקְטְלִין.

'aq'tulu=אֶקְטֹל (33,4). Cf. יקטל (omit the suff. of the 1. pers.).

yaq'tulû'=יִקְטְלוּ (33,6). יִקְטְלוּנִי etc.; cf. תקטלי (add the suff. of the 2. pers.)

ta'qtulû'=תִּקְטְלוּ (33,8). תִּקְטְלוּנִי (=also תִּקְטֹלְנָה אֹתִי 2. and 3. pers.) cf. יקטלו (omit with the 2. pers. the suff. of the 2. pers.).

naq'tulu=נִקְטֹל (33,10) cf. אקטל.

NOTES. 1. יִרְדְּפוּ a. וַיִּלְכְּדָהּ† (the *final stem vowel* of the perf. *introduced* into the impf.). —2. yaqtulan'ka (suff. added to the *energetic* mood [34,7]; nûn *energetic*) יִקְטְלֶנְךָ (43,21²); תִּשְׁמְרֶךָּ (43,19⁵); יִקְטְלֶנְהוּ, יִדְרְשֶׁנּוּ (45, 14f.), יִלְכְּדֶנָּה.—3. אֶכְתְּבֶנָּה, יִרְדְּפֶךָּ (34,8).

XL. THE IMPERATIVE AND INFINITIVE WITH SUFFIXES.

A. THE IMPERATIVE.

qutul'= קְטֹל (34, 16). qu'tuluniy(a), qu'tuliniy(a) (47,2) = qotelē'nî (cf. 34, 17); קָטְלֵהוּ; קָטְלֶהָ; קָטְלֵנוּ; קָטְלֵם; קָטְלֵן.

קִטְלִי. קִטְלִינִי etc.

קִטְלוּ. קִטְלוּנִי (=also קְטֹלְנָה אֹתִי) etc.

Note לָכְדָהּ a. כָּתְבָהּ† (1 f.).

B. THE INFINITIVE (CONSTRUCT).

qutul'=קְטֹל (35, 12; s. nom. form. 9). Note קָטְלִי (*subjective* genitive) a. קָטְלֵנִי (*objective* gen.); קָטְלְךָ, קָטְלְכֶם, קָטְלְכֶן or (to avoid the *loss* of the

XLI. VERBS MIDDLE I AND THE OTHER STEMS. 49

second vowel in *firmly* closed syllable) קְטַלְךָ, קְטַלְכֶם, קְטַלְכֶן (with accent *shifted*); קְטָלְךָ.

XLI. A. VERBS MIDDLE I WITH SUFFIXES.

Perf. גְּדֵלַנִי (44, 19; 48, 11) (poet. for גָּדַל אִתִּי), ולבשם.—Impf. וילבשני (yalba' šiniy(a) = yilbāšē'-ní) [יִלְבָּשֶׁךָּ, יִלְבָּשְׁךָ; תִּלְבָּשׁוּהָ]. —Imp. [לְבָשֵׁנִי, לִבְשׁוּנִי]. —Inf. שִׁכְבָה † (37, 7[2]; 24, 15[3]), שִׁכְבְּךָ (37, 7[3]. 1; 48, 19).

B. b. THE OTHER STEMS. THE INTENSIVE.

סִגְּרַנִי (sig'giraniy[a]), קִבֶּצְךָ (25, 19[1]) etc. סַמְּכוּנִי. ויספרה. תְּקַדְּמֶךָּ, יְזַמְּרֶךָ, יְקַדְּמֻנִי רַפְּדוּנִי (fem.); דַּבְּרִי a. לְבַקְשֵׁנִי (48, 18; 39,15[3]); מְפַלְּטִי, מְלַמֶּדְךָ. Note מְכַקְדִּשְׁכֶם† (orig. i, not e!).— מְקַדְּשִׁי.

C. THE CAUSATIVE.

הִלְבִּישַׁנִי, הִשְׁמִידְךָ etc.; יַבְדִּילֵנִי, יַכְשִׁילְךָ etc.; לְהַקְדִּישֵׁנִי; הַדְרִיכֵנִי; וַתַּשְׁלִיכֵנִי, אַל־תַּשְׁלִיכֵנִי מַצְדִּיקִי. Note הִצְפִּינוּ† (*first vowel of the stem* preserved [in reduced form]; 3, 19).

D. THE REFLEXIVE STEMS.

נִקְבְּצָיו. הִזָּכֶרְכֶם, הִשָּׁמֶדְךָ, הִכָּבְדִי — הִתְמַכֶּרְךָ נִכְבְּדֵיהֶם. Note נִכְבַּדֶּיהָ† (44, 5).

B. STRONG TRILITERALS WITH GUTTURALS.

1. NOUNS.

XLII. NOUNS FIRST GUTTURAL.

1. עֶבֶד, עָבַד, חֶסֶד a. חֶסֶד, †הָאָרֶץ· עַבְדִי
(cf. 23,8³); הָעֲבָדִים (*unaccented* a and i with
gutturals reduced to *a* [cf. 23,3]), אַרְצוֹת, עַבְדֵי
אַרְצוֹתָם, עַבְרֵיהֶם, עַבְדֵי, אַרְצוֹת גּוֹיִם, פַּרְעֹה
;אֲשָׁמְתֵנוּ, אֶשְׁכֹּית שֹׁמְרוֹן, אַשְׁכְּה· אֲלָפִים (29,2²).
בְּאֶפֶס, אֶפֶס· אַפְסֵי־אֶרֶץ — אֲשָׁמוֹתַי, אֲשָׁמוֹת
·אַפְסֵי, תִּקְוָה·

2. חֵלֶק, חֶלְקִי (i with gutts. in closed syllable shortened to e); הַחֲלָקִים, טַל אֲגָלֵי,
לַחֲרָפוֹת; חֶרְפָּתִי, חֶלְקַת הַשָּׂדֶה, חֶלְקָה· חֶלְקֵיהֶם
עָקֵב, חֵלֶף עֲבֹדָתָם, (23,11⁹), †חֲרָפוֹת חוֹרְפֶיךָ
·מֵאֶצְלוֹ, אֶצְלִי, עֵקֶב אֲשֶׁר שָׁבַע, שַׁחַר·

3. חֹדֶשׁ, חָדְשׁוֹ; חֳדָשִׁים (*unacc.* u[o] with gutts. reduced to *o*), חָדְשֵׁי הַשָּׁנָה, חֳדָשָׁיו,
חָכְמָתְךָ, חָכְמַת שְׁלֹמֹה, חָרְבָּה, אָזְנַיִם· חֳדָשֵׁיכֶם;

XLII. NOUNS FIRST GUTTURAL.

אָמְנָם — ‌מחרבותיהם, חרבות עולם, החרבות‏,
(accus. ending *with* mimation [14,15]) a. אָמְנָה
(*without* mimation).

(7). 4 חָכָם, לֵב לַחֲכָם; החכמים, חַכְמֵי
הגוים ("50,5), וחכמיה. חכמה, חֲכְמַת לֵב; 5
החכמות. עֲצֶרֶת a. עֲצֶרֶת זהב; עטרת העטרות.
אָגַם, אֲגַם מַיִם; האגמים (49,22), אגמי מים,
אגמיהם (note a!). עֵנָב (=orig. 'i'nab='ēnāв');
כְּעֲנָבִים, עִנְבֵי נְזִירֶךָ (7³). חֲרָדָה, חֶרְדַּת אלהים‎;
עֲגָלֹת צָב, עֶגְלָתוֹ. 10

(8). 5 החצר, חצר המשכן. בְּעֵקֶב עֲשָׂו,
אֶרֶךְ אַפַּיִם. כאבל־אם a. (חָלָב) בחלב אמו
חצרי, ‌אבלי ציון. בחצרי הבית, החצרים; בחצרו
חצרותיו, חצרות קדשי, החצרות, חצריהם
חצרותי. חמישה (9²), חמשת but אספה 15
‌אלפים. ‌חברתך. חשכת־מים (note c!) but
אבדת אחיך.

6. ‏אדמה. אדמים; אדום.
10. ‏אסירים || 11. עבדה.
12. ‏חלוצי צבא, חלוצים; חלוץ צָבָא. 20

XLII. NOUNS FIRST GUTTURAL.

13. אֲזוֹר ; חֲמוֹר (i sometimes *retained* with א,
ē=accented i), אָסַר ; אֲזוֹר יֵעוֹר (accented i; 51,15³),
אֲסָרָה (unaccented i reduced to *e* with א);
אֱנוֹשׁ.

14. חֲזִיר ; אֱלִיל.

15. אֱמוּנָה, אֵבוּס בְּעָלָיו, אָמוֹן ; חֲרוּזִים.

21. מַחֲנַק (note second a!† –: — *tendency* of
the gutts. towards *retaining* the *first vowel* [in
reduced from, because *unaccented*] *of the stem* ac-
cording to the flg. scale: + ח, ע, ה, א —), מַחְשָׁךְ
(daGeš lene to indicate the *firm* closing of a
preceding syllable ending in a gutt.; note the
function of the daGeš lene!); מַחְשְׁכִים† (2²),
מַחְשַׁבַּת, מַחְשֶׁבֶת, מַחֲשֶׁבֶת, מַחֲשָׁבָה. מַחְשְׁכֵי־אֶרֶץ
, מַחְשְׁבוֹת צַדִּיקִים, מַחֲשָׁבוֹת ; מַחְשַׁבְתּוֹ , חוֹשֵׁב
: מֶעְבְּרָה. וּמַעֲדַנִּים ; מַעֲבַר יַבֹּק — מַחְשְׁבוֹתַי
מַעְבְּרוֹת, מַעַרְכוֹת אֱלֹהִים (note second a before
—. מַהְפֵּכֶת ,וּמַהְתַלּוֹת — מַעְבְּרוֹת הַיַּרְדֵּן), *e*
. מַאֲכֶלֶת. מַאֲכָלְכֶם, מַאֲכָלְךָ, מַאֲכַל פַּרְעֹה, מַאֲכַל
, מֶרְכָּבָה ; מֶרְכָּב (26,4²; 50,12²). מֶחְקְרֵי־אָרֶץ —

XLIII. NOUNS MIDDLE GUTTURAL. 63

מַרכבת, מַרכבות; מֶרכבתו, מִרכבת המִשְׁנֶה מִרמס. מרכבתיהם, פרעה.

22. a. מעשַׂר דגנך. מרבץ. מעדר. מַעשׂר. מעשרתיכם, מעשרות; מעשרו, †מעשַׂר בקר

23. מַחלקת, מחלקתו; מחְלְקות (note *unaccented* u!)

30. מַחסור.

34. תַּחבולות; תעלמה; תהפכות.

43. חֶשׁבון (52, 20[1]); חשבנות (25, 13)

45. †אֲבַדּוֹן (9[2]). עִצָּבון, עצבונך.

XLIII. NOUNS MIDDLE GUTTURAL.

1. נַעַר, נְעַר (the gutts. *retain* an original a, as their *homogeneous* vowel, and sometimes adopt it in stead of another, acc. to the fllg. scale:† ע, ח, ה, א—). †לֶחֶם. נַחֲלָה מִצְרַיִם (30, 2[1]). לַחְמִי, לְחֶמְךָ, נַעֲרֵי דָוִד, נערים; נערו, זַעְמְךָ, נַעַרְךָ (52,17[2]), נערות; נחלת אֲבִיהֶן, רחצה. נעלים. נעריהם, נערי נערות אֶסְתֵּר.

3. פֹּעַל. †אֹהֶל. הָאֹהֱלָה. פָּעֳלִי (50,17[3]), פָּעָלְךָ, פָּעָלְךָ. Note פָּעֳלוֹ a. †תֹּאֲרוֹ (o produced to ō under

the stress of the secondary accent). רהבם : פעלים, באהלים · ואהלים† (53,20). אהלי יעקב · ואהליך†. אהליכם · טהרה.

4 (7). נהר, נהר פרת; נהרים, נהרי דבש; נהרות, נהרות בבל, נהרותיך · נהרים · זעקה, זעקת סדם, זעקתי · מעט · מעטים (53, 10). בעד החלון but בעדי (form. 1), בעדך, בעדו, בעדם, בעדכם · שער (51,8²), שער ראשי a. שער הרגלים (form. 1), שערו · שערה, שערת ראשו, שערתו; שערות ראשי.

5 (8). אחר† (6¹; 20,5); אחרת, אחרים (note the play of the tone !). בהמה, בהמת הלוים בהמתך† (51, 16²); בהמות, בהמות יער · באר, בארה (53,15²); בארות, בארות חמר a. בארות המים†.

12. בחור; בחורים† (11¹), בחורי חמד† (14,2), בחורי†.

15 b. נחומים (16²).

17. אהב, אהבי · אהבך; אהבים, אהבי שמך, אהבי · בערת, בערה a. בערה† (27, 1²); בערות.

19 (27). לֶהָבָה (47, 4^{2}), לַהֶבֶת חֲנִיתוֹ (54, 18); חָרָשׁ· כְּחָשׁ· לְהָבוֹת אֵשׁ, לְהָבוֹת (19, 13); חָרָשֵׁי עֵץ, חָרָשִׁים; †חָרַשׁ עֵצִים·

20. חָרֵשׁ (2^{1}); החרשים·

21. מֶרחק; מַרחקים (מֶרחקים) (1^{2}), מֶרחקי־אָרץ·

24. תִפארה, תפארת, תפאָרת, תפארת ישראל, תפארתי·

25. תרעלה· 28. עָריץ (4); עריצים, עריצי גוים·

29. רַחוּם (1^{2}); חָרוּץ (9^{2}).

45. רְעבון, בָּתֵּיכֶם רַעֲבוֹן·

XLIV. NOUNS THIRD GUTTURAL.

1. זֶבַח, זֶבח, זִבחי, זַרְעֲךָ (*a*, not *e*, with gutts.), זבחי צדק, זבחים; זבחכם·

2. מֵצח, מִצחךָ, מִצְחֲךָ· שמחה·

3. גֹבה, ארח, ארחךָ; ארחות, ארחות צדיקים, ארחותי, ארחתיו, †אָרחתיו· ($\hat{5}4, 2^{2}$).

4(7). שָׁבַע, אחינו, בגֹוַע· צֶלָע, צֶלַע האלף (form. 2), צֵלָע המשכן (form. 1), צלעי; צלעות, צַלעתיו·

5. שָׂבֵעַ, שָׂמֵחַ (paтah *furtive* to facilitate the pronunciation of gutts. after *heterogeneous* vowels). שְׂבַע. שְׂבֵחִי, שְׂמֵחִי רָעָתִי a. שְׂמֵחִי־לֵב, שְׂמֵחִים. רָצוֹן. שִׂמְחָה. †אֱלֹהִים.

6(9). גָּבֹהַּ, שָׁחֹר. גְּבֹהָה (5, 11²), שְׁחֹרָה.

11. מָשִׁיחַ, מְשִׁיחַ יהוה, מְשִׁיחוֹ.

12. שָׁבוּעַ; שָׁבֻעִים† (55, 18²), שָׁבֻעוֹת†, שְׁבֻעוֹת שִׁבְעִים. יָמִים.

13. אֱלוֹהַּ; אֱלֹהִים. ‖ 15 b. שְׁלָחִים.

17. שֵׁמַע, שִׁלְחָךְ; שֵׁמַעַת.

10 b (18. 22). טֶבַח. בַּלָּהָה. צָרַעַת (5), צָרַעְתּוֹ. טַבָּח; טַבָּחִים, טַבָּחוֹת.

20. קֵרֵחַ (11²).

21. מִבְטָח, מִבְטַחִי† (55, 11¹), מִבְטֶחָה (55, 1¹); מִבְטָחִים. מִבְטַחֵךְ. מִשְׁפָּחָה. מִשְׁפַּחַת גֵּר, מִשְׁפַּחְתִּי, מִשְׁפְּחוֹת, מִשְׁפְּחוֹת הָאֲדָמָה, מִשְׁפְּחֹתֵיכֶם, לְמִשְׁפְּחֹת.

22. מִזְבֵּחַ (54, 14¹), הַמִּזְבֵּחָה. מִזְבַּח. מִפְתֵּחַ. מִזְבְּחוֹת; מִזְבַּחֲךָ, מִזְבַּחֵךְ, מִזְבְּחִי, אֲבָנִים.

30. מִשְׁטוֹחַ.

35. כְּאֶזְרָח, אֶזְרָח (52, 7¹). אֶצְבַּע a. אַרְבַּע. אַרְבָּעָה אֲלָפִים, אַרְבַּעַת. הָאָרֶץ.

XLV. VERBS FIRST GUTTURAL. 57

38. אֶפְרוּחַ.

44. שֻׁלְחָן, שֻׁלְחַן הַמֶּלֶךְ, שֻׁלְחָנְךָ; שֻׁלְחָנוֹת, שֻׁלְחֲנוֹת הַכֶּסֶף.

2. VERBS.

XLV. VERBS FIRST GUTTURAL.

A. THE SIMPLE STEM. MIDDLE A VERBS.

PERF.	עָמַד	IMPF.	יַעֲמֹד	IMP.	עֲמֹד
	עָמְדָה		תַּעַמְדִי		עִמְדִי
	עָמַדְתְּ		תַּעֲמֹדְנָה		עֲמֹדְנָה
	עֲמַדְתֶּם	INF. CSTR.	עֲמֹד		

INF. ABS. עָמוֹד PART. act. עֹמֵד pass. עָמוּד

NOTES. 1. אֲסַרְתֶּם, הֲפַכְתֶּם, חֲשַׁבְתֶּם, עֲמַדְתֶּם (55,14⁴). —2¹. יַעֲמֹד (32,21; 53,12); יַחְמֹד; יַהֲפֹךְ. יֶאֱרֹג but יַהַרְסוּ, יֶהְדֹּף, יֶאְסֹר, תַּאַרְגִי; יֶהֱרֹס but יַהֲרוֹס —2². אֶעֱמֹד, אֶחְבֹּשׁ, אֶהְפֹּךְ, אֶאֱסֹף (33,4; 53,12). אֶחְבְּשָׁה but אֶהֶרְגָה†.—2³. יַחְשֹׁב (52,7 ff.) a. יַחְשָׁב־לִי (note *a* [a] for orig. u[32,21]; 37,7³). תַּעַבְרוּ, תַּעַבְרוּ a. תַּחְשְׁבוּ; יַחְשְׁבוּן (53,16¹ ²).— 3. עֲמֹד, חֲגֹר, הֲפֹךְ; אֱסֹר (17;15). עָזְבָה.—

4. לַעֲזֹר, לַחֲגֹר, לַהֲפֹךְ ; לֶאֱסֹר a. לֶאְסֹר (57,19). לַחְמָלָה (23,9), בְּחֶמְלַת יהוה (14, 1'), כְּמַהְפֵּכַת אֱלֹהִים אֶת־סְדֹם (nom. form. 22).

B. MIDDLE I VERBS.

1. חָדָ֫לוּ (12,8; in a *liquid* following the *pausal accent*).—2¹. וַיַּעַצְמוּ (36,12); יַחְפְּצוּ, יֶחֱזַק but יֶחְפָּצוּ, יֶחְפָּצוּן ; יַאֲרִכוּ but תַּאֲרַכְנָה.—2². וָאֶחְדָּלָה†.— 2³. תֶּהְדַּר·—3. חֲזַק וֶאֱמָץ· חָדָ֫לוּ· —4. מַחְדַּל· חֲמָצְתוֹ, וּכְחֶזְקָתוֹ· — 5. חֲסַר־לֵב ; חַנְפֵי־לֵב, חֲנֵפִים (nom. form. 5).

C. THE INTENSIVE STEM.

Note הַמְעֻשָּׂרִים (49,11³); הַמְאָדָּמִים (o for u [in sharpened syllable] due to the influence of the gutt.).

D. THE CAUSATIVE STEM.

ACTIVE.

PERF.	הֶחְכִּים¹	IMPF.	יַחְכִּים	IMP.	הַחְכֵּם
	הֶעֱמִיד²		יַעֲמִיד		הַעֲמֵד
	etc.		etc.		etc.
INF. ABS.	הַחְכֵּם	INF. CSTR.	הַחְכִּים	PART.	מַחְכִּים
	הַעֲמֵד		הַעֲמִיד		מַעֲמִיד

XLV. VERBS FIRST GUTTURAL. 59

¹ 58,6·. ·49,18 f.; 57 16·.

Note החרמתי but והחרמתי (58,6·. 7¹), והחזקת בו (44,2;38,16). האזנה (43,21¹).

PASSIVE.

Note ההפך (58,12·), החתל (41,7); החרבה (41,2), יעמר, יחרם, החרב, מיעמר, מחרבות.

E. THE REFLEXIVE STEMS.

THE T REFLEX.

Note אל־תתעלם (42,15); יתעלם־שלג (40, 21).

THE N REFLEX.

PERF. נחתם (58,17¹), נחשבו, נעדרה, ונהפכת (cf. 2), נחשבתי and נאמן (58,18¹), נאמנה, נאלמה, ונאלמתי, נאלמת.

IMPF. יחלק (56,13), יהרג, יענש, יאסף, יחצבון. יחלק אור (44,2), ותחשב־לו (9²). ויאסף†. ותעצר†. תאמנה (3²; 58,12¹).

IMP. החלצו, העתר־לו, האסרו.

INF. ABS. נחתום, נהפוך.

INF. CSTR. בהחפזם (kᵉTIB), להעזר. האסף המקנה.

PART. נחשב, נעכרת, נהפכת ; נאמן, נאמן רוח, נאמנים, נאמני־ארץ, נאמנה, נאמנת.

60 XLVI. VERBS MIDDLE GUTTURAL.

ונעלמים, נעלמה, נערין. a. נעתרות. Note נאמנות (a *preserved* in its *purity*).

F. WITH SUFIXES.

אעבדך, etc., תעזבני, יחשבני etc.; עזרני (57, 12) ויאסרהו; יהדפהו, יהדפם, יהדפנו; יעזבה, יעברנהו, להרגך, עמדך. עברך; הרגני; ותאסרהו (58, 6[1]), החזקתיך, העבירני, לאסרך, בעזבכם. — להרגך, המאכלך; והעמדתיהו.

XLVI. VERBS MIDDLE GUTTURAL.

A. THE SIMPLE STEM.

PERF.	שחט	IMPF.	ישחט [2]	IMP.	שחט [2]
	שחטה [1]		תשחטי [2]		שחטי [3]
	שחטת		תשחטנה		שחטנה
	שחטתם	INF. CSTR.	שחט [4]		
INF. ABS.	שחוט	PART.	שחט [5]; שחוט.		

[1] 4[1]. [2] a (and *a*, when not under the stress of the accent) for orig. u with gutts.; cf. 57,17. Note that the *formal distinction* of middle a and middle i verbs is thus *obliterated* in the impf. [3] first a by *assimilation* to *a*; cf. 40,8[2]. [4] the nom. form *preserves* the orig. vowel. [5] the gutt. has *no influence* upon a following i.

Note בָּחֲרָה, טֹהַר, וּטְהָרָה; תִּלְחָצֻ, וַיִּזְעֲקוּ; גָּאַל, שְׁאֵלָה, וְּצָֽעֲקִי (note *o* with s; cf. 34,8').

B. THE INTENSIVE STEM.

PERF.	IMPF.	IMP.
שִׁחֵת	יְשַׁחֵת	שַׁחֵת
שִׁחֲתָה	תְּשַׁחֲתִי	שַׁחֲתִי
שִׁחַתָּ	תְּשַׁחֵתְנָה	שַׁחֵתְנָה
בֵּרַךְ	יְבָרֵךְ	בָּרֵךְ
בֵּרְכָה	תְּבָרְכִי	בָּרְכִי
בֵּרַכְתָּ	תְּבָרֵכְנָה	בָּרֵכְנָה

INFF. בָּרֵךְ; שַׁחֵת. PART. מְשַׁחֵת; מְבָרֵךְ.

NOTES. 1. רִחַם, מִהַר (note a *after* ח and ה; cf. 60,21), בֵּעֵר (55,11'); מֵאֵן, בֵּרַךְ (the gutts. admit of being doubled according to the fllg. scale: + ח, ה, ע, א [, ר]—).—2. יְרַחֵם, יְמַהֵר; יְבַעֵר: יְמָאֵן, יְבָרֵךְ (note ē, not a!).—3. לְשָׁרֵת שָׁם, יְחָרֵף צָר, וַיְשַׂחֶק־לָנוּ, יְכַחֶשׁ בָּהּ; אָוֶן מְבָרֵךְ (11,15'; this metheg also termed הָעֲמָדָה *check*, viz. against shortening a long or produced vowel).—4. הַמְשָׁרְתִים, מְבַהֲלִים, הַמְטַהֵר, מְשַׁחֲרֵי לְטָרֶף, מִמַּהֲרוֹת.

PASSIVE.

PERF. בֹּרְכָה, בֹּרַךְ· רֻחַצְתְּ· רֻחֲצָה, רֻחַץ etc.

IMPF. יְרֻחַץ etc. יְבֹרַךְ etc.

INF. CSTR. רֻחַץ· בֹּרַךְ,

PART. מְרֻחָץ· מְבֹרָךְ·

Note מְבֹרֶכֶת, הַמְתֹאָר, דֹּעֲכוּ, מְטֹהָרָה; רֻחָץ יְהוָה (61,13 f.; 56,5³).

C. THE CAUSATIVE STEM.

Note אַל־תַּשְׁחֵת, יַבְעֶר־אִישׁ (43,21¹); הַשְׁחַתֶּם (61,15), וַתַּשְׁחֵת; imp. הַרְחֵק, הַרְחֶק (14,1⁶).

D. THE REFLEXIVE STEMS.

THE T REFLEX.

PERF.	IMPF.	IMP.
הִתְבָּרֵךְ	יִתְבָּרֵךְ	הִתְבָּרֵךְ
הִתְבָּרֲכָה	תִּתְבָּרֲכִי	הִתְבָּרֲכִי
הִתְבָּרַכְתְּ	תִּתְבָּרַכְנָה	הִתְבָּרַכְנָה

INFF. הִתְבָּרֵךְ PART. מִתְבָּרֵךְ

Notes. 1. יִתְכַּחֲשׁוּ, הִטַּהֲרְנוּ (42,21); יִתְגָּעֲשׁוּ, הִתְפָּרְקוּ, יִתְפָּאַר (6 f.). — 2. הִטֶּהָרוּ (55,1¹).—3. הִתְאַחֲדִי (44,1⁴). — 4. וַתִּתְפָּעֶם, וַיִּתְבָּרֵךְ, וַיִּמָאֵן (verb first and middle gutts.).

XLVII. VERBS THIRD GUTTURAL. 63

THE N REFLEX.

PERF.	נשחט	IMPF.	יִשָּׁחֵט	IMP.	השחט
	נִשְׁחֲטָה		תִּשָּׁחֲטִי		השחטי
	נשחטת		תשחטנה		השחטנה
INF. ABS.	נשחוט	INF. CSTR.	השחט		
PART.	נשחט				

Note נִבְעָתִּי, נִשְׁעַנּוּ (62,9[1]); וַיִּלָּחֲמוּ, וַתִּלָּחֵץ†; נִמְהֲרֵי־לֵב.

E. WITH SUFFIXES.

יִסְעָדֵנִי (49,5[2]), יִשְׁאָלְךָ, יִשְׁאָלוּנִי; בְּחָנֵנִי, בחנוני; מאסכם, לגאלך, בְּחָרִי (with vowels unaffected by the gutt.) and בִּצְעֲדְךָ, זַעֲקְךָ (cf. 60,19[3]). — בֵּרֲכַנִי, שִׁחֶתְךָ, וּבִעֲתַתּוּ (with preserved i) but רִחֲמָךְ a. תְּבַעֲתֻנִי; בֵּרַכְנוּכֶם, וּבֵרַכְךָ, וְרִחֲמְךָ, יְבָרֶכְךָ† (60, 2), יְשַׁחֲרֻנְנִי, יְבָרֶכְךָ, וִיבַהֶלְךָ (plural end. *with* nûnation; cf. 32, 3[4]); לְשַׁחֶתְכֶם, וּבְפָרְשְׂכֶם†; אַל־תְּשַׁחִיתֵהוּ; מְבָרְכָיו. — מְנַחֶמְכֶם, מְהָרְסַיִךְ; בְּהִלָּחֲמוֹ. — הִרְחִיקָהוּ, הִלְעִיטֵנִי.

XLVII. VERBS THIRD GUTTURAL.

A. WITHOUT SUFFIXES.

PERF.

שָׁלַח שִׁלַּח שֻׁלַּח הִשְׁלִיחַ הָשְׁלַח הִשְׁתַּלַּח נִשְׁלַח

נשלח השתלח השלח שלח שלח שלח

שְׁלָחָה etc.

שָׁלַחַתְּ etc.

שָׁלַחַתְּ (2 p. fem. s.) שָׁלָחַתְּ etc.

IMPF.

יִשָּׁלַח יִשְׁתַּלַּח יָשְׁלַח יַשְׁלִיחַ יְשֻׁלַּח יְשַׁלַּח יִשְׁלַח

ישלח ישתלח ישלח ישלח ישלח ישלח

JUSS. יַשְׁלַח

יַשְׁלַח

IMP.

הִשָּׁלַח הִשְׁתַּלַּח — הַשְׁלַח — שַׁלַּח שְׁלַח

השלח השתלח השלח שלח שלח

שְׁלַחְנָה etc.

INF. CSTR.

הִשָּׁלַח הִשְׁתַּלַּח [הָשְׁלַח] הַשְׁלִיחַ [שֻׁלַּח] שַׁלַּח שְׁלֹחַ

השלח השתלח שלח

INF. ABS.

נִשְׁלוֹחַ הִשְׁתַּלֵּחַ הָשְׁלֵחַ הַשְׁלֵחַ שַׁלֵּחַ שָׁלוֹחַ

הִשָּׁלֵחַ[a]

PART.

נִשְׁלָח מִשְׁתַּלֵּחַ מְשֻׁלָּח מַשְׁלִיחַ מָשְׁלָח מְשַׁלֵּחַ שֹׁלֵחַ

שָׁלוּחַ

NOTES. 1. פָּתַח (31,9;32,7), תָּמָהוּ (37,3[3]), נִשְׁבָּעוּ (43,3[1]), יִשְׁמַע (36,13[2]), וְשָׁמַע (ib. 16[2];37,7[3]), שְׁמָעָה (36,17[2]), תְּמָהוּ (ib. 18[2]), יִבְלַע (39,5[2]); וְהִתְנַגַּח (62,18[1]); שְׁלַח (39,5[1]), הָטְבְּעוּ (41,4[1]), יִתְבַּקְּעוּ (62,18[2]).—2. וַיַּצְלַח, הַצְלַח (62,10[3]); שְׁמַע (the gutt. has an influence upon a *preceding* i, which is turned into the homogeneous a; cf. 37, 2[3] ;61, 11). גָּבַהּ (orig. gabuha), שָׁמֵעַ (37,2[1]), לְהִפָּתַח, בְּהִשָּׁמַע דְּבַר־הַמֶּלֶךְ, אֶרְצַח, יְשָׁמַע, לִשְׁלֹחַ, שְׂמַח, יִשְׂמַח, תִּגְדַּעְןָ, אֶפְתַּח, יִפְתַּח, לִשְׁלֹחַ, מֵהִשְׁתָּרַע.—3. כְּגֹבַהּ שָׁמַיִם (cf. 60,20[1]) but יְפַתַּח, יִפְתָּח (cf. ib. 16[2]). בִּנְגֹעַ אַחֵינוּ a. תְּקַע כָּף (cf. 60,15[2]), שֵׁמַע (nom. form. 7). שְׁלַח אֶצְבַּע† מִשְׁתַּגֵּעַ, מִזְבֵּחַ, רְקַע הָאָרֶץ† a. רְגַע הַיָּם but הִנִּשְׁמַעַת, נִשְׁכָּחָה, נִשְׁמָע, מְצֹרַעַת, מַרְבַּעַת, מַרְבָּע.

4. הַמְלֵחַ ; וָאֶשְׁבַּע ; זֵרַע ; נִשְׁלוֹחַ, (פָּתֹחַ) פָּתוּחַ (cf.56,1 f.).

B. WITH SUFFIXES.

תְּשַׁלְּחֵנִי ; שְׁכֵחַנִי ; (31,18) קִבְּעָנוּךָ , (60,4[1]) מְנָעֲךָ

66 INCOMPLETELY DEVELOPED TRILITERALS.

שְׁמָעוּנִי ; שִׁלְּחֵנִי, יְבַלְּעֵהוּ ; וַיְמַשְּׁחֲךָ, (63,9¹), רַקְּעֲךָ a. but שְׁלֹחֲךָ, לְמָשְׁחֲךָ, בְּבָרְחֲךָ, כְּשָׁמְעִי, שַׁלְּחֲךָ, —שְׁלֹחֲךָ, שִׁלֵּחֲךָ. שִׁלְחִי ; (cf. 24,16) כְּפִגְעוֹ וַיִּשְׁלָחֵהוּ ; בִּלְעֻנוּהוּ, שִׁלְּחוּ, (45, 2), שְׁמָחֶהוּ הַשְׁמִיעֲךָ, —מְשַׁלֵּחֲךָ, בְּשַׁלֵּחֲךָ, יְשַׁלְּחֲךָ ; שִׁלְּחֵנִי יַרְשִׁיעֲךָ, וַיַּשְׂבִּיעֵנִי, הִשְׂבִּיעֵנִי.

c. VERBS FIRST AND THIRD GUTTS.

נֶאֱלַח, נֶאֱנָח ; הֶאָנַח ; יֵאָנַח ; נֶאֱלָחוּ, נֶאֱנָחָה ; אֹרַח נֶאֱנָחָה.

C. INCOMPLETELY DEVELOPED TRILITERALS.

1. NOUNS.

XLVIII. A. NON-GUTTURAL NOUNS.

1. kap'pu(n) (the *biliteral* root [kp] *artificially raised* to a triliteral by the *sharpening* of the *second* radical)=kap' (with the *loss* of the case ending, the *sharpening* of the second rad. is *given up*) כַּף, כָּף. יַם-סוּף a. (11,15¹) יָם-הַמֶּלַח, (cf. 62,17³) יָם. הַפָּר† יָמָּה (56,17³; with the return of the case ending, the *doubling* is *expressed*, dageš forte for *increase of volume*). כַּפִּי, כַּפֵּי הַנָּזִיר, כַּפַּיִם. כַּפְּךָ, כַּפֶּךָ, כַּפִּי,

XLVIII. NOUNS. 67

גנת, גַנָה· פִּתִים; פִּתִי, פַּת· כפתיו, כפות, כפיכם· מדות; מדה, יָמִי, מִדה· גַנּות· גַנתו; גנתו, אֱגוֹז· Note רִטֶט (*completely* developed form).—לבד, בַּד בבד, מִלְבַד הרעב, לבד מִטֶף, לבדך, לבדך, לבדי· מִסת נדבת ידך·

2. lib'bu=lēв' לִבי, לב־איש, לֵב כסיל, לֵב; רבת, רבה· שני רשעים, שנים· לבותם, לבות הארין·

3. rub'bu=rōв' רֹב, ברב חסדך, ברב־חַיִל· לָרֹב but לרב אֶחָיו (12,8), מרבכם (note u, not o, because in sharpened syllable, cf. 39,5); כל, כל העם, גלה· רבי תורתי· גלת זהב· Note כל־העם, מכל־העם, כֻלָּךְ a. כֻלְּךָ, כלה (= kullahû, remnant of the *older spelling* and *pronunciation*). כלה; כלנו, כלכם, כלם·

4(7). שָׁלָל (3'), שלל העיר, שללכם· קִלְלַת אלהים, קללה (*a*, not *e*, between two *identical* consonants). לבב, לבב עמו; לבבות.— בגללך, בגללך, בגלל הדבר· לבדד, בָּדָד, בגללכם.‖ 4. b. גַּלְגַּל (an *intensive* form. by *reduplication*), גלגליו.‖ 7 b. גִּלְגָּל·

5. (zik'ku =) zak'ku (cf. 43,19[6]) = zaκ' זַךְ ; קַלִּים· דַּלּוֹת ; זכה·

8. רְתֵת·

9. לֹגֹז a. לְגֹז·‖ 9 b. קָדְקֹד (67,20), קָדְקֳדֶךָ (34,8[4]). גֻּלְגֹּלֶת, גֻּלְגָּלְתּוֹ ; גֻּלְגְּלֹתָם· ‖ 10. גִּנּוּן·

11. גָּלִיל, גְּלִיל הַגּוֹיִם ; גְּלִילוֹת הַיַּרְדֵּן.— סָבִיב, סָבִיב לָהּ ; סְבִיבוֹת הַמַּחֲנֶה· מֵסֵבִּיב· סְבִיבֹתַי, סְבִיבוֹתֵינוּ· מֵסֵבִּיב לְמִשְׁכַּן קֹרַח·

12. שָׂרוּד· ‖ 13. צָרוּר· ‖ 14. בְּלִיל ; אֱלִיל·

15. גְּדוּד·

17. שָׂרִד· שְׁקֵקָה †· סָרֶרֶת, סֹרֶרֶת ; סוֹרְרִים, שׁוֹמֵמִים†, גְּזִזֵי צֹאנוּ ; שְׁכֵמוֹת†, שְׁכִימוֹת רִאשׁוֹנִים·

21. ma'sakku = māsāκ' מָסָךְ, מָסַךְ הַפֶּתַח· ma'šaqqu = maššāq' (*compensative* doubling of the *first* rad., where that of the second is given up) מְסִב· מַשַּׁק גֵּבִים (cf. 26,4[2]). מִכְלַל־יֹפִי· מְשַׁמָּה·

22. ma'ginnu = māGēn' מָגֵן, מָגֵן עֶזְרֶךָ, מָגִנֵּי (56,7[2]); מְגִנִּים, מְגִנּוֹת· מְסִלָּה, מְסִלַּת יְשָׁרִים ; הַמְסִלּוֹת·

23. ma''uzzu = mā'ōz' מָעֹז (מָעוֹז), מָעוֹז־חַיַּי, מָעֻזִּי ; מָעֻזִּים· מְסִכָּתְךָ·

25. tapil'latu=tᵉpillā' תְּפִלָּה, תפלת צדיקים·

30. מַמְרְרִים (49,18f.).

B. WITH GUTTURALS.

1. עַם, וָעָם· הָעָם, הָהָר a. הֶהָרָה· †הֶחָג (66, 19; 62,18³). עַמִּים a. עֲמָמִים, עַמֵּי הארץ· פַּחִים (62,17¹). הֲרָרִים (ib. 17³), הררי ישראל, הרריו·

2. אֵם, אם המלך, אמי ; אמותינו· גרה·— עמך, עִמָּדִי a. עִמִּי, עם־הארץ (51,1⁴). חנם †עִמָּהֶם, †עִמָּכֶם, †עִמָּנוּ, עמה· עמו; †עִמָּךְ, †עִמָּךְ a. עמם·

3. חֹק, חק־עולם· חקי, חֻקֶּךָ a. †חֻקְּכֶם (56, 12²). חקה but †חָגָא (note as an *orthographic peculiarity* א for the usual ה).

4. ענן יהוה· ‖ 5. לחים· רעה, נפש, מרת·

7. חתת· ‖ 9. חג, לָחֹג (67,10¹). ‖ 10. ארור·

12. ארורה· 12b. שַׁעֲשֻׁעִים (68,4³).

14. אליל· ‖ 15. עֱזוּז, אלול·

17. צרדים· ‖ 21. מֵצַר· בַּעְלָלִים ‖ 22. מארה·

25. תהלה· ‖ 29. חֲנוּן ; עִזּוּז·

34. תחנונים, תעלולים·

2. VERBS.

XLIX. VERBS NON-GUTTURAL.

A. THE SIMPLE STEM.

MIDDLE A VERBS.

PERF. סָבַב[1] IMPF. ya'subb(u)= IMP. סֹב

סָבְבָה[2] yāsōb'[4] יָסֹב

sab'bata = תָּסֹבִּי[5] סֹבִּי

sabbâ'tā = tasub'buna' =

sabbô'tā[3] סַבֹּתָ tasub'bina' =

INF. ABS. סָבוֹב[1] tesubbè'nā[6]

תְּסֻבֶּינָה סֻבֶּינָה

INF. CSTR. סֹב

PART. סֹבֵב; סָבוֹב[1].

MIDDLE I VERBS.

PERF. (qil'la=) IMPF. yi'qallu=

qal'la = qal'[7] yēqal'[4] יֵקַל

קַל תֵּקַלִּי[8]

qal'lat = תְּקַלֶּינָה[2]

qal'lā[5] קַלָּה INF. CSTR. קַל[8]

קַלֹּתָ

[1]cf. 67,16[1]; note the *principle of differentiation*: סָבַב: קַל (cf. explanatory note 7) = קָטַל : כָּבֵד. [2]cf. 67,17f. [3]cf. 31,11; the *final vowel of the stem retained* (cf. 44,19f.), in order to prevent the doubling of the second rad. from being given up (cf. expl. note 4); it is retained under the *stress* of the *accent* which it receives, and *irregularly* produced to â (cf. 40,7f.)=ô (35, 16). [4]cf. 66, 16f. [5]cf. ib. 19f. [6]cf. 33,7; cf. expl. note 3; u=i (48,10 f.)= è (cf. expl. note 3 ; 69,4[6]). In תְּקַלֶּינָה unaccented a = i (cf. 67,1[5]). [7]cf. 68, 1 ; expl. note 4. [8]nom. form. 7., cf. 37,6[5].

NOTES. 1. וָרַבָּה, וַסַּכֹּתָ.—2. תִּמַּנּוּ, תַּמּוּ; יָזֹמּוּ, תֵּצַרְיִ, נָבַלָּה (*biliteral* formations with *no* attempt at an artificial *increase of volume*).— 3. יִדֹּם (= yi'dummu = yiddōm', cf. 68,15f.), אֶדֹּם, יִדְּמוּ; יִדַּל, תִּצַּלְנָה. —4. וַיָּסָב (wayyā'soB, cf. 62, 19[?]), וַיָּרֹם; וַתָּשֶׁם, וַתֵּקַל.—5. סֹב אֶת־הָהָר a. לְסֹבֵב.

B. THE INTENSIVE STEM.

a. sâ'baba = sâ'biba = sôBēB' (8) סוֹבֵב ;

72 INCOMPLETELY DEVELOPED TRILITERALS.

יְסוֹבֵב etc. sâb'iba=sâ'baba=sôBaB' סוֹבַב, יְסוֹבַב etc.

(cf. the Arabic qâtala=the *desiderative* stem.)

b. סַבֵּב. סִבֵּב.

NOTES. 2. קִנְּנוּ, נִגְשָׁשָׁה, נגששה, נרננה, מקששת. וְקִשְׁשׁוּ.—1. מזקקים. מְזֻקָּק. המלקקים מגוללה.—3. קִלְקַל, אֲצַפְצֵף, מכַרְכֵּר (69,16[9]).

c. THE CAUSATIVE STEM.

ACTIVE.

PERF. ha'sabba=ha'sibba=hi'sibb(a)=hēsēB'[1] הֵסֵב	IMPF. yaha'sibbu=ya'sibb(u)=yāsēB'[1] יָסֵב	IMP. הָסֵב
הֲסִבֹּתָ[2]	תָּסֵבִּי[2]	הָסֵבִּי
הֲסִבֹּה[3]	תְּסִבֶּינָה[3]	הֲסִבֶּינָה
הֲסִבּוֹתָ[4]	INF. CSTR. הָסֵב	
INF. ABS. הָסֵב	PART. maha'sibbu(n)=ma'sibbu=mi'sibbu=mēsēB'[4] מֵסֵב	

PASSIVE.

PERF. hu'sabba=hu'sabb(a)=hûsaB'[6]	IMPF. yahu'sabb(u)=yûsaB'[6] יוּסַב
הוּסַב	תּוּסַבִּי[2]

XLIX. VERBS NON-GUTTURAL. 73

הוּסַבָּה³	תּוּסַבֶּינָה³
הוּסַבּוֹתָ³	INF. CSTR. הוּסַב¹
	PART. מוּסָב³

¹71,8⁴. ²ib.⁶ ³ib.3³ ⁴cf. 68,17⁸ ⁵u *irregularly* produced to û; cf. 71.7.

NOTES. 1. הֵקַל, הֵקַלּוּ· הֵתַלְתָּ (71,14 f.).—2. וַיָּדֶק (ib 17²). וַתָּרֶן† (63,15²). וַיָּסֵב, וַיַּכְּתוּ (71,15 f.). וַיִּסַּבּוּ (*mixed* form). —3. תַּרְנִין, הרנינו; הַשְׁמֵם, מְשִׁמִּים (71,3²).—4. הֻמַּכּוּ (7⁴;6³), יֻכַּתּוּ (8¹). מוּסַבּוֹת.

D. THE REFLEXIVE STEMS.

THE T REFLEX.

Note יִשְׁתּוֹמֵם (B a), תִּשּׁוֹמֵם (t *assimilated* to š; cf. 62,17²); הִתְפַּלָּלְתִּי (B b), יִתְפַּלָּלוּ, תִּתַּמָּם (63,6¹). הִתְגַּלְגְּלוּ (72,7¹).

THE N REFLEX.

PERF. na'sabba = nāsaB'¹	IMPF. (yahin'sibbu =) yahin'sabb(u) = yis-saB'⁴	IMP.
נָסַב		
נָסַבָּה³	יִסַּב	הִסַּב
נָסַבּוֹתָ³	תִּסַּבִּי³	הִסַּבִּי
PART. נָסָב³	תִּסַּבֶּינָה³	הִסַּבֶּינָה

74 INCOMPLETELY DEVELOPED TRILITERALS.

[1]73,4[1]. [2]ib.[2] [3]ib.[3] [4]71,11[4].

NOTES. 1. וְנָסַבָּה· וְנָסַבּוּ (73,9[3]).—2. אָסַבְּךָ†. יְלַבֵּב· תְּמַקְּנָה (ib.[2]). — 3. כְּהִמֵּס דּוֹנַג† (*original* vowel [i] reintroduced). הִמֵּס יִמַּס † (formation by *analogy*).—4. נְשַׁמּוֹת, נְמַקִּים, נְקַלָּה.

E. WITH SUFFIXES.

יְסֻבֵּנִי ; סבבני, סַבֻּנִי, חקתיך, (1[2];67,13 f.) קַבֹּה (70, 10), יְשָׁלוּךְ, יְבָזוּם ; סָלוּהָ ; תַּמּוּ· — יסובבנהו ; מקלליו·— מְהוֹלָלַי ; מְקַלְלֶךָ· מקללך, מחוקקי ; הַדְמֵנוּ (72,15); וַיְסַבֻּנִי (ib. 14).

L. INCOMPLETELY DEVELOPED TRILITERAL VERBS WITH GUTTURALS.

A. FIRST GUTTURAL.

1[1]. יְחָנֵּנוּ, וַיְחֻנֶּךָ, (o, not a!) וַיָּהָם ; הַמְמָנוּ (69,11[4]), בְּחֻמּוֹ, לְהֻמָּם, לחג ; חַנֵּנִי, חֻקָּה ; וַיְּהֻמֵּם. —1[2]. יָחֹן ; יחמו, יֵחַם, יָחֹם ויחם a. עֲשֶׁשׁוּ, עֹשֵׁשָׁה ; —1[2]. a. יְחֻנַּן ; לְחַנַּנְכֶם (71,11[4]), לְחֶנְנָה† (53,9[1]). — 2. בְּעֻנֵּנִי ; הַלֲלוּ ; אהללה, יְהַלֲלוּ ; חִתַּתַּנִי· הִלְּלוּ ; הִתְחַנְּנוּ· — 3. הַחִלּוֹת, הָעֻזָּה, (69,5[4]) ; וַיָּחֶל but יָחֵל (19[3]) (note *differentiation* of form for the pur-

L. VERBS WITH GUTTURALS.

pose of *keeping distinct* various *meanings*); הַהֲלָם,
יָחַל, הוֹחֵל, יָהֵן, יַחְקוּ,. — 4. נָחַל (43,4;74,20¹);
הַהֵלוּ, (74,3¹) †לְבִלְתִּי הֵחֵל a. תָּחֵל, אָחֵל (69,6¹),

B. SECOND GUTTURAL.

1. יִגְרְהוּ, יִשְׁחוּ, יָרֹעַ, וּבְרוֹתִי; וְרָעָה, יִשְׁחוּ;
הַמְאָרְרִים, וַיְמָרְרוּ, אָרְרָה. —2. שָׁחוֹחַ, וּשְׁעוּ; יֵרַע
— תְּשַׁעֲשַׁע; מִתְעַתֵּעַ; יְשַׁעְשְׁעוּ, יְשַׁעֲשַׁע. וּמְצָרִים
3. יֵרַע : הֵפֵרַם, הֵצַרְתִּי, הָרֵעוֹת, הֵרֵעוּ, הֵשַׁח;
לְהָרַע, לְהָרַע; הֻפֵרָה, הֻשַּׁע; יָפֵרְנוּ, וַיָּרַע, יֵרַע
4. — מְרֵעִים, מְצֵרָה, מֵרַע· מֵרַע; הֹרַע הֹרֵעוּ;
תִּשְׁתָּרֵר הִשְׁתָּרֵר; תִּשְׁתּוֹחֲחִי, הִתְרֹעֲעָה,
לְהִתְמַהְמֵהַּ, וַיִּתְמַהְמָהּ, הִתְמַהְמְהוּ, הִתְמַהְמַהְתִּי
הֻבְּרוּ; יֵחַרוּ, יִשַׁחוּ. — הִשְׁתַּעֲשַׁע· הִתְמַהְמְהָם
נֵאָרִים, נִגְּרוֹת·

NOTE. As in the verb פָּעַל (44,9f.) the first, *second* and *third* radicals are the letters פ, ע a. ל, the Jewish grammarians call the *first* radical of a verb its פ, the *second* its ע a. the *third* its ל. Incompletely developed triliterals are thus marked ע״ע (*i. e.* roots the ע of which is twice represented. e. g. סבב, a *completely* developed form).

D. LIQUID ROOTS.
LI. 1. N O U N S.

1—3. נֶדֶר a. נַדְרִי; נִדְרִי; נֶרְדְּ, הַנְּגִבָּה, נִגְדִּי

a. וּלְנִכְדִּי (59,11ⁱ). נֵעָם. לִנְכַּח הַשֻּׁלְחָן, לִנְכַח
= 'an'pu(n) — נִכְחוֹ, עַד־נֹכַח יָבוּס, לִנְכַח הַצֹּאן
'ap'pu(n) (48,5¹; note that the liquid, at the
stage of its assimilation, *had lost the vowel fol-*
lowing it)='ap (74,1¹) אַף, אַף, אַפִּי (ibº.),
'in'zu= 'iz'zu. אַפֵּינוּ, אַפֵּי דוִד, אַפַּיִם. אַפְּךָ, אַפֵּךְ
='ēz' עֹז; עֻזִּים. [Note sid'su=sis'ssu (73,13²) =
ses' שֵׁשׁ; שִׁשָּׁה, יָמִים שֵׁשֶׁת.]

4—20. נָחוּמִים; נֵכָר; נִדְבַת יָדְךָ; נָהָר;
נְחֹשֶׁת, נְחֻשְׁתִּי, נְחֻשְׁתַּיִם.

10 c. ha'n(a)sâl(atu[n]), = han'sâlatu = hassâ-
la' הַצָּלָה, הַכָּרַת פְּנֵיהֶם.

21. ma'n(a)ta'u(n)=man'ta'u=mattā" מַטָּע,
מַפָּלָה. מַטָּעַי, לְמַטָּעֵי כֶרֶם; מַטָּעָה, מַטַּע יהוה
מַתַּת. man'tantu(n)=mat'tattu=mattar' מַתְּנַת יָדוֹ
יָדוֹ. מִנְעָלְךָ, מִנְעָמִים, (note that the *gutt.* im-
mediately following upon the liquid, *prevents* the
assimilation of the latter).

LII. LIQUID VERBS. 77

22. מַפֶּלֶת הָאַרְיֵה; מַגֵּפַת הַסּוּס. מַגֵּפָה,
מַגַּפְתַּי.

30. מַלְקוֹחַ. מִשּׁוֹר. ‖ 31. maqtîl מְנַגְּנֵיהֶם.

32. מַנְעוּל, מַבּוּעַ. ‖ 34. תַּנְחוּמוֹת, תַּנְחוּמִים.

2. VERBS.

LII. VERBS NON-GUTTURAL.

PERF.			ha'n(a)ga-ša = hin'-giš (a) = higgiš'¹	hu'n(u)gi-ša = hun'-gaš (a) = huggaš'¹	na'n(a)ga-ša = nin'-gaš (a) = niggaš'¹
	נָפַל	—	הִגִּישׁ	הֻגַּשׁ	נִגַּשׁ
IMPF.	ya'n(u)-pulu = yin'pu-l(u) = yippōl'ᵛ	ya'n(a)-gaša = yin'ga-š(a) = yiggaš'¹			
	יִפֹּל	יִגַּשׁ	יַגִּישׁ	יֻגַּשׁ	[יִנָּגֵשׁ]
IMP.	נְפֹל	גַּשׁ	הַגֵּשׁ	—	[הִנָּגֵשׁ]
		גְּשָׁה			
		גְּשִׁי			
		גַּשְׁנָה			

INF. CSTR. gašt[4]

הֻגַּשׁ הַגִּישׁ גֶּשֶׁת נְפֹל

INF. ABS.

הֻגֵּשׁ הַגֵּשׁ נָגוֹשׁ נָפוֹל

PART.

נִגָּשׁ מֻגָּשׁ מַגִּישׁ נֹפֵל

[1]76,20.[2]63,6[1].[3] at the *beginning* of certain forms, the *liquid* and the *unaccented* [reduced] vowel following upon it, are *entirely dropped*. Note the principle of differentiation (גַּשׁ but נְפֹל). [4]cf. the preceding and note that the *biliteral* form is *artificially raised* to a triliteral one, by assuming the fem. end.; cf. 27,3.

NOTES. 1. נָתַתָּ (7[1]) a. נָתַתָּה (note the *peculiar spelling* which has in view the *compensation in writing* of a loss of a sound), וּנְתַנּוּ (7[2]). — 2. יִבּוֹל (נָבֵל), יִבְּלוּן; יִדֹּר a. וַיִּדַּר; יִגַּשׁ; יִתֵּן (*first* example of an imp. act. in the *simple* stem with the *characteristic* vowel i; cf. 38, 10; 40, 10; 42, 9[4]; 43, 17f.).—3. נִקְּבָה but †נִצְּרָה (cf. 43, 17;75,2[4]); גַּשׁ; תֵּן, וּתֶן־שָׁמָּה.—4. לִנְגֹּעַ; לָגֶשֶׁת but †לִנְשָׁק־לוֹ (יִשַּׁק); תֵּת (=tin'tu=tit'tu=tēт', cf. 76,8[1]), לָתֵת לָךְ, †וְנָתַן אֶת־יִשְׂרָאֵל.—5. נִכַּר אֹתוֹ אֱלֹהִים בְּיָדִי

LIII. LIQUID VERBS WITH GUTTS.

(intens. act.; note the *similarity in form* with the א reflex.)—.6. וְאַגִּיד, וַיַּגֵּשׁ, וַיַּגֶּד־לָהּ, וַיֻּבַּט, אַל־תַּבֵּט, הִבִּיטָה, הַבֵּט־נָא, הַבֵּט, וְאַצֵּל; (40, 19'), לְמַגִּידֵי, מַגִּשִׁים, מַגֶּדֶת, הַכְּבִיט, הַגֵּד תַּגִּידוּ; לְהַבִּיט, מְגָרִים, מֻגָּשׁ, הֻגַּד הַגֵּד, וַיֻּגַּד — מְשִׁיקוֹת; הֶחֱיָדָה —7. (cf. אֶתְקָנְךָ (48,4), יִצְּרֶנְהוּ, יִגְּפֶנּוּ; תִּתְּנֵנִי (66,3') נָפְלוּ a. נָפְלוּ; תִּנְּהוּ; יִתֶּנְךָ, 49, 11'), גֻּשְׁתוּ, תִּתִּי.—8. נִגַּשׁ (*complementary* of the lost perf. of the simple stem, cf. יִגַּשׁ), וְנִתַּתֶּם, נִתְּנוּ; וַיִּנָּתֵן, הִנָּתֹן יִנָּתֵן, נָגוֹף נִגַּף; לְהִנָּתֵן; וַיִּנָּפַשׁ, וַיִּנָּגֵשׁ, לָךְ הַנִּגָּשִׁים. 9. אָסַק (סלק) (cf. 71,16').

LIII. GUTTURAL VERBS.

A. MIDDLE GUTTURAL.

1. יִנְהַג (76,19 ff.), יִנְהֹם†; נָהַג, וַנֵּעַל†; —2.— .לִנְחֹל —3. וַיִּנָּחֶם, יִנָּחֵם, נָחַם but נֶעֱרָתִי; נֵעַר; יְנַהֲלֵנִי, נִהֲלַת, נָהַג; נָהֲמוּ, נִחַם Intens.: —4. נֻחָם· יְנַאֵץ† נִאֵץ a., נִאֵר, נֵאֲרָתָה; וַיְנַעֵר; (73,13·) הִנֶּחָמְתִּי —5. דְּנֶחֱלָתִי; יַנְחִיל, וְהִנְחַלְתִּי

62,18³), יִתְנַחֵם ; אֶתְנַהֲלָה ; הִתְנַעֲרִי,—6. יִנְחָלוּהּ ;
יְנַהֶגְךָ, אֲנַחֶמְכֶם ; וְהִתְנַחֲלוּם (perf. refl. with
suff. !).

B. THIRD GUTTURAL.

1. יִגַּהּ, ירח, יטע, נִסְּעָה (58,12¹); גַּע, סעו
but נְטעו ; לָגַעַת a. רנגע.—2. הגיע, הִגַּעְתְּ ;
יביע, אביעה, תבענה, ויגע ; מגיע, מגעת, מַגִּיעֵי
בַּיִת — מֻדַּח.—3. נִדַּח ; נִדָּח, נִדַּחֲךָ a. נִדַּחֲכֶם‡,
נִדְּחוּ‡, נדחה, הנדחת, נדחים, עולם נִדְּחֵי,
(keTIB), נדחי.—4. נְגַעֲנוּךָ ; ותטעם ; נְסָעָם ; הִדַּחְתֶּם ;
יגיענה ; הצילנו ; ובהפילכם ; מכירך.

C. לקח.

1. לָקַח, לָקַחְתְּ ; יִקַּח, תִּקְחִי, אֶקְחָה ; קַח,
לִקַח ; לְקֹחַ ; לָקַחַת ; לְקחי, לקח a. קחי, קחה
לְקֻחִים.—2. לֻקַּח, לֻקֳּחָה (note *o* for *a*[*e*] after
q [cf. 68,4⁴; 61,2³] by *assimilation* to å).—4.
יֻקַּח.—5. מתלקחת — נלקח ; אלקח, ותלקח ;
אֲרוֹן האלהים אל־הלקח.—6. יקחני, יקחך, יִקָּחֶךָ ;
קחנו, קחם־נא ; קְחָתִי ; הלקחו.

D. INCOMPLETELY DEVELOPED TRILITERALS WITH LIQUIDS.

נדדים· נודדת, נֹדד ; ותדד, ידדון, ידוד ; נדדה:
(מנד)· מנד ; ינדהו — הנצו·

Note the fllg. forms introduced by *analogy* from the simple stem of liquid verbs into the N reflex. of incompletely developed triliterals: נָמֵס (cf. middle i verbs); נבֹזו (cf. middle u verbs), part. נָמֵס.

Note the terms פ״נ, פ״ל (75,15 ff.).

E. WEAK ROOTS.

LIV. 1. NOUNS.

1. ra'(a)š=râš (12,11)=rôš (71,8[3]) ראשׁ (note that א is retained *in spelling*), ראשְׁךָ; רָאשִׁים (â preserved, cf. 52,2[2]), רָאשֵׁי העם.— pal'u(n)=pè'le (the *weak* sound א is *lost* in pronunciation at the end of a word or syllable; cf. 55,14[1] a. 57,15) פֶּלֶא, פִּלְאֲךָ (at the beginning of a syllable, א resumes its *consonantal* [guttural] character, פלאך; פלאים, פלאות.

2. חֵטְא (*second* vowel *entirely* lost, cf. 23,

82 LIV. WEAK NOUNS.

7[5]), חטאי עמי, חטאים ; חטאם, חטאו (cf. 76,18), חטאיכם. חמאה a. †חמה (=hi'mat; with the suppression of א at the *beginning* of a syllable [in the middle of a word], which takes place at a later stage in the development of the language, the preceding closed syll. is *opened* and, as a consequence, its vowel, if *accented*, is produced.)

3. גמא. טמאה (58,2[1]), טמאתיכם.

4. צבא, צבא השמים (ā=accented a in *open* syll); צבאכם; צבאות יהוה, צבאות.

5. טמא, טמא נפש (cf. 51, 11[3] and note that in open syll. a does *not* take the place of i [ē]). טמאה, טמאת השם (cf. 56,3[4]).

8. זאב; זאבי ערב. שאלה, שאלתך a. †שלתך (א following upon an unaccented [reduced] vowel, is readily suppressed together with the latter; note that א may *not* be retained in spelling), שאלתם (ši'ilat; form. 2 ?).

10. נשוא. ‖ 11. נביא, נביאכם.

12. קרוא; קראים.

13. שאט, בשאט נפש, †שאטך (14[5] ; 81, 14). מאד, מאד, במאד מאד. מלא כל־הארץ, ומלואה, מאדך.

15 b. מְלָאִים.

17. בָּרָא, בְּרַאֲךָ† (cf. 66, 6^3), מֹצֵאת (=másiʼʼt); מֹצְאִים but קְרָאִים a. חֹטְאִים† (82,21^3).

19 (27). חֵטְא, חַטָּאת (= hataʼʼat; 81,15), חַטַּאת עֲבָדֶיךָ (a long vowel *shortened* by *false analogy*, viz. by being taken for a produced vowel, cf. 29, 16^7), רִטְאַת הָאָדָם, חַטָּאוֹת; חַטָּאתְךָ, חַטָּאתִי (3^2), חַטֹּאותַי.

21. מַאֲכָל, מַאֲכֶלֶת. מְרַאֲשֹׁתָיו (= maraʼ..., cf. 69,2; note *the position of the accent*!) a. מַרְאֲשֹׁתֵיכֶם (=maʼra...). מַלְאָךְ; מַלְאָכִים, מַלְאֲכֵי אֱלֹהִים but מְלָאכָה (= malaʼ...;cf. 82,2^3), מְלֶאכֶת הַקֹּדֶשׁ, מְלַאכְתּוֹ. מַשָּׂא, מַשְּׂאוֹת שָׁוְא.

23. בְּמָסֹרֶת הַבְּרִית (= maʼʼasurt ; 4^2). תְּמַכֹּלֶת† (the suppression of the א *emphasises* the fllg. cons.).

27. קַנּוֹא. ‖ 30. מַחֲבָאִים. ‖ 34. תַּחֲלוּאִים.

45. צִמָּאוֹן.

2. VERBS.

LV. VERBS FIRST א (פ"א).

A. THE SIMPLE STEM.

1. יֶאֱסֹף (57,14) etc. תֹּסֵף (=taʼʼasip; 78,17f.;

84 LV. VERBS FIRST א.

81,13;83,14),אֹספה a. וַיֹּסֶף· יֹאבַד (81,14; 74,1[4]). יֹאבַד ; ותאבדנה, תאכלון, אֹמַר (20,5), הָאוֹכַל יוֹם, וַיֹּאכַל but וַיֹּאמֶר, וָאֹכַל, וָאֹמַר (79,2[5]); יֹאכֵל, וָאֹכֵל, תֹּאמֵר (orig. vowel [i] reintroduced; 75, 3[3]) but יֹאמַר, אֹמַר, וַיֹּאמַר (65,8[2]); יֹאמְרוּ, תֹּאמְרוּ, תֹּאבֵדוּן (37,2[4]).—2. אֱסֹף ; אָכְלָה but לִבְלְתִּי אֱבֹד הַנִּשְׁאָרִים (74, 16[3]).—3. † אֶסְפָה מֵאֱכֹל, בֶּאֱכֹל הָאֵשׁ, בֶּאֱבֹד רְשָׁעִים ; אֲכֹל הַדָּם לֶאֱסֹף גּוֹיִם ; לֶאֱכֹל־לֶחֶם, כֶּאֱכֹל קַשׁ ; לַחְמִי ; לֵאמֹר, כֵּאמֹר, יְהוֹשֻׁעַ, בֶּאֱמֹר יְהוָה, אֱמֹר מוֹאָב (12,12). הֶאָמֹר תֹּאמַר·—4. אָזְלַת יָד (31,10); תֵּזְלִי (36,12 ff.; 10[4];83,22[2]).

B. THE INTENSIVE STEM.

Note וַתְּאַזְּרֵנִי = וַתַּזְּרֵנִי† (83,12[3]), וָאַבֶּדְךָ†. מַלְּפֵנוּ† (cf. יְאַלֵּף).

C. THE CAUSATIVE STEM.

Note אָזִין (cf. הַאֲזִינוּ ; 83,14) a. †אֹבִידָה (cf. לְהַאֲבִידוּ ; ib. 22[2]).

D. THE N REFLEXIVE.

Note וַיֵּאָמַר, יֵאָמֵר, יֵאָמֶר לוֹ, יֵאָמֵר.

LVI. VERBS THIRD א

E. WITH SUFFIXES.

אָסְפְּךָ׃ בְּאָמְרְכֶם, אֲבַדְּכֶם, אֲבָדְךָ ;('79,6); יֹאכְלֵהוּ
·אֹבַדְךָ.

F. WITH GUTTURALS.

1. a. ·וַיֹּאחֶז, אָחֲזָה, יֹאחֵז; תֹּאחֹז; יאחז
   בֶּאֱחֹז, לְבִלְתִּי אֱחֹז ·אֲחֹזוּ, אֲחֻזוּ, אָחֹז ·וָאֹחֵז
   יֹאחֵז; אֱהָב, אָהֵב 2.—נֶאֱחַד, וַיֵּאָחֲזוּ, נֶאֱחָזוּ ·לֹא
   תְּאֵהַבוּן, תֵּאָהֲבוּן (=ta'i'hab, cf.
   אֹהֵב (84,12), תֵּאָהֲבוּ †
   38,10), וָאֹהַב, אֱהַב, אֹהֲבוּ; לֶאֱהֹב, (84,17²);
   אַחַר—אָהוּב·אֹהֵב; לְאַהֲבָה (nom. form. 1);
   ·אַהֲבָה ׃וַיֹּאהֲבַנִי׃ אֲהַבְתֶּךָ, אֲהֻבְךָ—נֶאֱהָב—מְאַהֵב

LVI. VERBS THIRD א (ל״א).

A. THE SIMPLE STEM.

MIDDLE A VERBS.

PERF. ma'ṣa'(a) = IMPF. yam'ṣu'(u) = IMP.

māṣā'¹	מָצָא	yam'ṣa'(u)=yimṣā'ᵃ	
	מָצָא	יִמְצָא	מְצָא
	מָצְאָה		מִצְאִי
	מָצָאתָ	תִּמְצְאִי	
INF. ABS.	מָצוֹא	תִּמְצֶאנָה	מְצֶאןָה
	INF. CSTR.	מְצֹא	

PART. מֹצֵא ׃מָצוּא.

LVI. VERBS THIRD א.

¹82,9. ²64,7י. ³71,9f.

וִקְרָאתָ a. וּקְרָאתָ (82,17); מָצָתִי ,וּקְרָאתְ Note,
וַתִּמְצֶאןָ ; יִקְפְּאוּן ,תִּמְצֶאןָ ,קֹרָא־שְׁמוֹ ; וּקְרָאתִי
רְפָאָה ,מְצָאָן ,נִסְבְּאָה.

MIDDLE I VERBS.

מָלֵתִי ,(.82,11f), מָלֵאת ,מָלְאוּ ,מָלְאָה ,מָלֵא
יִשְׂנָא שְׂנֵאתָה ,בְּשִׂנְאַת יהוה אֹתָנוּ.

B. THE INTENSIVE STEM.
ACTIVE.

PERF. מִצֵּא	IMPF. יְמַצֵּא	IMP. מַצֵּא	
מִצְּאָה	תְּמַצְּאִי	מַצְּאִי	
מִצֵּאתָ	תְּמַצֶּאנָה	מַצֶּאנָה	
INF. ABS. מַצֵּא	INF. CSTR. מַצֵּא	PART. מְמַצֵּא	

¹ 6י.

קִנֵּא ; וּלְמַלֵּא־בָם ; וּמִלֵּאתִי ,וּמִלֵּאתָ Note,
מִלְּאוּ ,וַיְקַנְאוּ ,מִלְּאוּ ,רִפֹּא יְרַפֵּא a. קִנֵּאתִי
מְשַׂנְּאַי יהוה ,הַמְמַלְּאִים.

PASSIVE.

PERF. מֻצָּא	IMPF. יְמֻצָּא	PART. מְמֻצָּא
מֻצָּאָה	תְּמֻצָּאִי	Note
מֻצֵּאתָ	תְּמֻצֶּאנָה	מְרֻכָּאִים

[1] orig. vowel [i] reintroduced; cf. 86,14.

C. THE CAUSATIVE STEM.

ACTIVE.

PERF.	הִמְצִיא	IMPF.	יַמְצִיא	IMP.	הַמְצֵא
	הִמְצִ֫יאָה		תַּמְצִ֫יאִי		הַמְצִ֫יאִי
	הִמְצֵ֫אתָ[1]		תַּמְצֶ֫אנָה		הַמְצֶ֫אנָה
INF. ABS.	הַמְצֵא	INF. CSTR.	הַמְצִיא	PART.	מַמְצִיא

PASSIVE.

PERF.	הָמְצָא	IMPF.	יָמְצָא	INF ABS.	הָמְצֵא
	הָמְצְאָה		תָּמְצְאִי	" CSTR.	הָמְצָא
	[הָמְצֵאתָ[2]]		תָּמְצֶאנָה	PART.	מָמְצָא

[1] 86,14. [2] 1.

Note הִפְלִא, יַפְלִא, מַפְלִא; תַּֽדְשֵׁא (= taDešē', not taDšē'; meteg *for euphony* to avoid the compound sound dš).

D. THE REFLEXIVE STEMS.

THE T REFLEX.

PERF.	הִתְמַצֵּא	IMPF.	יִתְמַצֵּא	IMP.	הִתְמַצֵּא
	הִתְמַצְּאָה		תִּתְמַצְּאִי		הִתְמַצְּאִי
	הִתְמַצֵּ֫אתָ[1]		תִּתְמַצֶּ֫אנָה		הִתְמַצֶּ֫אנָה
INFF.	הִתְמַצֵּא	PART.	מִתְמַצֵּא		

88 LVI. VERBS THIRD א.

¹87,12¹.

¹Note תִּתְפַּלָּא (65,7¹), יִתְמַלְּאֻן; יִדַּכְּאוּ (79, 18¹), יִטַּמָּא; הֻטַּמְּאָה (42,20 ff.).

THE N REFLEX.

PERF.	נִמְצָא	IMPF.	יִמָּצֵא	IMP.	הִמָּצֵא
	נִמְצְאָה		תִּמָּצְאִי		הִמָּצְאִי
	נִמְצֵאתָ		תִּמָּצֶאנָה		הִמָּצֶאנָה
INF. ABS.	נִמְצֹא	INF. CSTR.	הִמָּצֵא		
PART.	נִמְצָא				

¹due to a *tendency* towards *uniformity*; cf. 1.

Note נִטְמֵתֶם, וְנִרְפְּאוּ (83, 3), וְנִמְצֵאתִי; יִמָּלֵא־פִיהוּ, יִמָּלְאוּן, יִבָּרְאֻן; נִפְלֵאת (part. fem.; cf. 9; 83,2³), הַנִּמְצְאָה; הַנִּמְצְאִים† a. הַנִּמְצָאִים, נִפְלְאוֹת אֵל.

E. WITH SUFFIXES.

קְרָאָהוּ (66,4¹), מְלָאוֹ (middle a verb), שְׂנֵאתַנִי; יִמְצָאוּנְהָ, יִמְצָאֲכָה, יִמְצָאֵךְ, יִקְרָאֻנִי (63,14³); בְּמֹצַאֲכֶם† (68, 19³; 83, 2³). — מְלֹאוֹת; וַאֲמַלְּאֵהוּ; בְּקַנְאוֹ, טַמַּאֲכֶם (17¹); מְשַׂנְאַי. — הַבְּרִאֲךָ, הַבְּרָאֲךָ.

LVII. VERBS THIRD א—CONTINUED.

A. VERBS THIRD א AND FIRST GUTT.

1. חטאתם ; יחטא , יחטאו†, תחטאו ; לחטא·
2. אחטנה (84,14[1]); חבאו· — 3. החביאה;
ויחביאם, ואחבא, ותתחבא†· החטיא, ויחטא†,
אדם מחטיאי· החבאו.—4. ויתחבא, יתחטא·
נחבא, נחבאו, נחבאו· נחבאת (60, 2), נחבתם ;
תחבא ; להחבא ; נחבאים†, נהלאה·

B. THIRD א AND MIDDLE GUTT.

ימחאו ; מחאך (66,2[5]).

C. THIRD א AND FIRST נ.

1. נשאו (נשוא†; cf. 4[1]); ישא, תשאנה
(תשנה); שא, שאי (נשא, נסה†); לשאת (śi't,
cf. 83,2[3]) a. מנשא, שאת (ē *resolved* into *e'* ē,
since the latter is very often contracted into the
former; cf. 82,14) בשאת ; נשא· —2. נשא a.
נשא ; ינשא ; נשא ; מנשא·—3. השאת ; ישיא·
—4. הנבאתי ; יתנשא a. ינשא ; לבלתי התנשא;
מתנבא· נבא, נבאת ; ינבא ; הנבא ; להנבא ;
נבא, נבאים†·—4. ישאך, וישאונך† (88, 16[1]); נשאי·
שאתי· השיאני, ישיאך· בהנבאו·

F. SEMIVOCALIC ROOTS.

a. ROOTS FIRST ו(י) (פ״ו).

LVIII. 1. NOUNS.

1—3. wald = yald (at the beginning of a word, an original ו [labial semivowel] is turned into י [palatal semiv., cf. 4, 3]) ילדה, יֶלֶד; יֶשַׁע · יַחַד, יחד · וילדות, מילדי העִבְרִים, הילדים a. יֶשַׁע, יִשְׁעִי, יֶשְׁעֲךָ† (cf. 76,3⁵). יֵצֶר, יִצְרֵנוּ. יָשָׁר, בְּיָשְׁרוֹ · יראת יהוה, יראה.

4. לישרי־, וישרים ; הישרה, ישר־דֶּרֶךְ, ישר לב.

5 (8). וִיפֵחַ, †יְשֵׁנֵי אדמת עפר ; יבשה, יבֹשׁ; חכ״ם†, יְרֵא אלהים, יִרְאֵי יהוה. waši'nat = ši'nat (at the beginning of certain forms [cf. 78, 7ff.] ו(י) and the unaccented [reduced] vowel following upon it, are *entirely dropped*) עֵצַת יהוה, שְׁנַת העבר, שֵׁנָה: שנות. [wi]di'' דֵּעִי · לֵדָה (= [wi] li'dat) a. לֶדֶת (=[wi]lidt'; cf. 78,10ff.), לִדְתִּי · דֵּעָה a. דַּעַת, דַּעְתִּי.

6(9). יָגָר ; ירשה · בִּיבֹשׁ קצירה · המים יְבֹשֶׁת, יכלת יהוה.

10. יכול. ‖ 11. יחידה, יחיד.

12. וידעים ; וידוע חלי.

LVIII. NOUNS FIRST י(ו).

13. בְּיִצְקָתוֹ .15 ‖ יְגִיעַ כַּפֶּיךָ .14 ‖ יְסוֹד; יְהָבְךָ.
17. (הִיצַת) הַיּוּצָאת, יָצָא. יְדַעַת. יָדַע.

21. ma'w(a)rad=maw'rad=mau'rad (ו, having lost the vowel following upon it, *combines* with the preceding a into the *diphthong* au)=môrāḏ'(the *diphthong* au is *contracted* in Hebrew into the *intermediate monophthong* ô; ô long *by contraction*) מוֹרָד(note that ו is retained *in spelling*), מוֹשְׁבֵי הָאָרֶץ; מוֹרַד חֹרוֹנָיִם, וּמֹשְׁבוֹתָם (note that ו may *not* be retained in spelling); מוֹרָשָׁה. מוֹדָע a. מוֹדַע †. מוֹצָא, מוֹצָא מַיִם, מוֹצָאֵי הַמִּקְדָּשׁ (88,19ᵃ); †מוֹרָאֲכֶם, מוֹצָאֲךָ, מוֹעֵרָה. (ô *rounded* to û); מוּסָר. מוֹצָאֵיהֶם.

22. מוֹעֲדֵי יְהוָה. מוֹעֵד, מוֹעֲדוֹ; מוֹעֲדִים. מוֹעֵצוֹת.

24. תּוֹשָׁב, תּוֹשָׁבִים. תּוֹלָע. תּוֹכַחַת, תּוֹכַחְתִּי, תּוֹצָאוֹת, תּוֹכָחוֹת מוּסָר, תּוֹכֵחוֹת.

25. תּוֹלְדוֹת הַשָּׁמַיִם. תּוֹעֵבָה, תּוֹעֲבַת יְהוָה; תּוֹכֵחָה. תּוֹחַלְתִּי. תּוֹחֶלֶת. תּוֹעֲבוֹת הַגּוֹיִם, תּוֹעֵבוֹת תּוֹכָחוֹת.

27. יַלּוּד. ‖ 43. יִתְרוֹן. ‖ 28. יָקִיר. ‖ 45. יְרָקוֹן.

LIX. 2. VERBS.

A. THE SIMPLE STEM.

	MIDDLE A VERBS.	MIDDLE I VERBS.
PERF.	wašab(a)=yašab(a)[1]	wariš(a)=yariš(a)[1]
	יָשַׁב	יָרַשׁ
	ישׁבה	ירשׁה
	ישׁבת	ירשׁת
IMPF.	ya'wišib(u) = ya'-'išib(u) = yai'šib(u) = yêšēb'[2]	yi'w(i)rašu = yi'y(i)rašu = yiy'raš(u) = yîraš'[3]
	יֵשֵׁב	יִירַשׁ
	תֵּשְׁבִי	תִּירְשִׁי
	תֵּשַׁבְנָה[4]	תִּירַשְׁנָה
IMP.	שֵׁב[5]	רָשׁ[6], יְרָשָׁה[7], רֵשׁ[8]
	שְׁבִי	רְשִׁי
	שֵׁבְנָה	?
INF. CSTR.	שֶׁבֶת[9]	רֶשֶׁת[10], יְבשׁ[11]
" ABS.	יָשׁוֹב[1]	יָרוֹשׁ[1]
PART.	יֹשֵׁב[1]	

[1]90,4 ff. [2]the form goes back to that *stage* of the *language*, which as yet had *not suffered the first vowel of the stem to be lost*; w, between

LIX. VERBS FIRST ו(י). 93

two vowels, is turned into a *mere breathing* ('), which, at a subsequent period (cf. 81,13) is *absorbed* into the vowel-complex surrounding it; a *diphthong* is thus formed—ai, which in Hebrew is *contracted* into the *intermediate monophthong* ê; ê long *by contraction*; cf. 91,3 ff.; also 78,17 f. [5] w between two vowels *homogeneous* with y, is turned into y, which again, the second i being lost, is *absorbed* by the first and forms î: iwi=iyi=iy(i)=î; cf. 12,13. Note that י is retained *in spelling*. [4]cf. 43,19[6]. [6]cf. 90,14 ff. a. 78,7ff. [7]רֵשׁ : יִירַשׁ = שֵׁב : יֵשֵׁב. [7] *full* form. [8]formed by *analogy*, cf. שֵׁב. [9]cf. expl. note 5 a. 78,10 ff.; שֶׁבֶת, for שֵׁבֶת, cf. 90, 7[6]. [10]=rašt. [11]*full* form.

NOTES. 1. אֵשְׁבָה : וַיֵּשֶׁב, וָאֵשֵׁב (84, 3[4]). שְׁבָה. לָשֶׁבֶת.—2. וִירִשְׁתֶּם (87,1) ; יָשְׁנוּ (note that י may *not* be retained in spelling), וַיִּקַר a. וַיִּיקַר ; לִישׁוֹן.—3. יָגֹרְתִּי (middle u), וִיכָלְתָּ (cf. 36,10). יוּכַל (for yôkal', 91, 12, to avoid its being confounded with יֹאכַל, cf. 74, 20.

B. THE CAUSATIVE STEM.

ACTIVE.

PERF. ha'w(a)šaba	IMPF.	יוֹשִׁיב	IMP. הוֹשֵׁב
=ha'w(a)šiba =		תּוֹשִׁיבִי	הוֹשִׁיבִי
haw'šib(a)=hau'-		תּוֹשֵׁבְנָה	הוֹשֵׁבְנָה
šib(a)=hôšiB'[1]	INF. CSTR.	הוֹשִׁיב	
הוֹשִׁיב	" ABS.	הוֹשֵׁב	
הוֹשִׁיבָה	PART.	מוֹשִׁיב	
הוֹשַׁבְתָּ			

PASSIVE.

PERF. hu'w(u)šiba=	IMPF. יוּשַׁב	PART.
hu'w(u)šaba =	תּוּשְׁבִי	מוּשָׁב
huw'šab(a) =	etc.	
hûšaB'[2] הוּשַׁב	INF. CSTR. הוּשַׁב	
הוּשְׁבָה etc.		

[1] 91,3 ff. [2] uw(u)=û, cf. 93,9.

Note יוֹסֵף; אַל־תּוֹסֶף, וַיּוֹסֶף, וַיּוֹשֶׁב, וַתֹּתַר.

C. THE REFLEXIVE STEMS.

THE T REFLEX.

Note וַיִּתְיַלְדוּ.

PERF. נוֹשַׁב[1] IMPF. יוּשֵּׁב[2] IMP. הִוָּשֵׁב

נוֹשְׁבָה תִּוָּשְׁבִי הִוָּשְׁבִי

נוֹשַׁבְתָּ תִּוָּשַׁבְנָה הִוָּשַׁבְנָה

PART. נוֹשָׁב INFF. הִוָּשֵׁב

[1]94,16[1]. [2]w *preserved*, because *sharpened*.

Note וְנִוַּסְּרוּ· נוֹשָׁבוֹת, נוֹשֶׁבֶת, נוֹלָדִים; אִוָּתֵר (combination of the T and N reflex. stems; t *assimilated* to w, cf. 88,2[3]).

D. WITH SUFFIXES.

; יִירָשֵׁם; וִירֵשׁוּהָ, וִירִשְׁתָּהּ (71,10f.); ‡ יְלִדְתִּיךָ שַׁבְתִּי·

LX. VERBS FIRST ו(י)—CONTINUED.

A. WITH GUTTS.

יֵלֵךְ, יֵלֵךְ (‡וּתְהַלַּךְ; אֵהֵלֵךְ .a יְהַלֵּךְ); הָלַךְ .1 הָלוֹךְ; (לְהֲלֹךְ) לָלֶכֶת; לְכֶן, לֵךְ; וָאֵלֵךְ, וַיֵּלֶךְ, וַיֵּלֶךְ וָאוֹלֵךְ, וַיּוֹלֵךְ, יוֹלֵךְ, יוֹלִיךְ; הוֹלִיךְ—הָלַכְתִּי·—הֹלֵךְ· הִתְהַלֵּךְ־נֹחַ·—מוֹלְכוֹת, מוֹלִיךְ; הֹלִיכוּ, הוֹלֵךְ יִיעַף, תֵּחַד·—2.—הוֹלִיכְךָ (90,8[3]); לֶכְתִּי·—נֶהֱלַכְתִּי (58, 5), יָחֵלּוּ· ‡הָבוּ .a הָבָה, הַב; אִיעָצָה, יִעֲפוּ ‡וַיִּוָּעַץ, נוֹחֲלָה; יִתְיָעֲצוּ· וַיּוֹחֶל· הַמְיַחֲלִים, יִירַשׁ

ידַע ; (31,15) ידעון, ידעת. 3.— איעצך. נועז.
הודיע, יגעו. ייגע, לדעת. דע ; ואדע ; ויֵּדע,
‡יהושיע (yaw *resolved* into yehaw, cf. 40,10 f.),
יושע, יודע. ‡אתוכח a. אתודע—הושיעה. ויּדע,
דעהו ; ואודע ; ידענוך ; נוכחה,— ואודע, ויודע,
דעתי. הוקענום.

B. VERBS FIRST ו(י) AND THIRD א.

ויצא קין ; ויצא, יצא, יראתם. ירא ; יצתי, יצא
†יראו, ירא ; צאי, וצאה, צא, יראו. ייראו, ויירא
ליראני, יראני—יצא. לבלתי ירא ; לצאת (88,11[2]).
ויוצא, תוצא, יוציא ; הוצאת, הוציא—מירא.
מוצא, הוצא ; מוציא. הוצאה ; להוציא, הוצא ; ואוציא
נורא ; תורא.—(ib. 12[4]) מוצאת

LXI. b. ROOTS FIRST ו(י) AND MIDDLE צ.

A. 1. NOUNS.

21(22). ma'w(a)sab = maw'sab = massab (w *assimilated* to s) מצב, פלשתים, מצע, †מצב.
מצבת אבן, מצבת הבעל, מצבה. מצבה. ממצבך
ומצבות. מצבות עזך, מצבות

B. 2. VERBS.

יצע, ויצב־לו, יציע, והצתי, הציב. תצת, אצרך
נצתה. יתיצב. מצב, יצרו

LXII. c. ROOTS FIRST י (פ״י).

A. 1. NOUNS.

4. ילל 8 ‖ .יללת הרֹעם, יללה,

11. .יניקותיו , וימינך, מימין ישראל, ימין,

21. ma'y(a)ṭab=may'ṭab = mai'ṭab = mêṭāb' (cf. 93, 4 ff.) .מישרים, מֵיטַב כרמו

24. .תימנה, תֵּימָן

30. ma'y(a)šâr=mi'y(i)šâr=mîšôr' (cf. 93, 9) .מִישׁוֹר

B. 2. VERBS.

—.וַיִּיקַץ a. וייקן ויישב ; יקצו, ייגקו יקן, ייטב-לי הֵיטִיב (5); תיטיב, וַיִּישְׁרוּ† (cf. may'ṭab), הימיני, הילל ; ויטב, אימנה, (96, 3), ויהילילו† .לְהֵמִין ; מיטיב, מימינים†

d. ROOTS MIDDLE ו (ע״ו).

LXIII. 1. NOUNS.

1. saw'mu(n) = saum'=sôm (95,5¹) בצום, צמכם ; הצומות. מָוֶת (ו *may* assume its consonantal character; note ā, not ê!) כתוך העדה, בתוכי ; במתיו but שָׁוָרים a. חָוָחים† (שׁור a. חוח). שׁקים.

LXIII. NOUNS MIDDLE ו.

2(8.14). קִימְתָם.

3(9). su'w(u)r=sûr (94,16²). הַצּוּר, צוּר יְשָׁעֵנוּ; רוּחַ צָרִים. סוּפָה. שׁוֹקִים. Note a. דּוֹדִים. בְּקוּם
רְשָׁעִים (remnant) זוּלָתִי קוֹל, זוּלַת דַּלַּת עַם־הָאָרֶץ
of the *genit.* case ending, cf. 17,12 ff.), זוּלָתִי, 5
זוּלָתְךָ.

4. za'war=za''ar=zâr' (84,17¹) זָר; זָרִים,
זָרִיךָ, זָרָה. זָרוֹת. קָמַת רֵעֶךָ, קָמוֹת פְּלִשְׁתִּים,
רָמָתַיִם. nâht=naht (40,13)=na'haT נַחַת, שַׁחַת.
בָּא, בָּאִים, בָּאֵי הַשַּׁבָּת, בָּאֵיהָ; בָּאָה, בָּאוֹת. תַּחַת. 10
תַּחַת, מִתַּחַת הָהָר, תַּחַת מִפְתָּן, מִתַּחַת,
וְאֶל־תַּחַת כַּד־עֵין, לְמִתַּחַת לַמִּסְגְּרוֹת, לָרָקִיעַ.

5. ma'wit=ma''it=mait'=mêT' (93,1 ff.) מֵת,
מֵתָה. מְתֵי מִלְחָמָה, מְתִים; מְתֵי, לָמֵת, לָמָת.

6. ba'wuš=ba''uš=bauš'=bôš' (cf.97,16) בּוּשִׁים. 15
אוֹר, אוּרִי; אוּרִים. אוֹרָה. bôšt=bušt (cf.9²)
= bō'šer בּשֶׁת, וּבָבְשֶׁת פָּנִים, וּבָשְׁתִּי.

10. da'wâr=da''âr=dâr'=dôr' דּוֹר, דַּר, לָדוֹר;
עוֹד הַיּוֹם גָּדוֹל, דְּרָתְכֶם, לְדֹרֹתָם, דֹּרוֹת, דּוֹרִים,
בְּעוֹדִי a. בְּעוֹדֶנִּי (the word, having verbal force, 20

assumes verbal *form*, cf. 48,3 ff.), עורני, עורך, עוּרְךָ†, עורנו· עורנה; עורם· טוב, טובים; טובה, טובות· ‖ 10 c. hana'wâpat=hana''apat=hanâ'pat =hanâpā' הֲנָפָה, הנחה·

11(14). עֲוִיל, אֱוִיל·

12. mawûl'=ma'ûl'=mûl' (not môl, because of the position of the tone) מוּל, מלים· לוטה·

21. ma'qawam=ma'qa'am=ma'qâm= māqôm' מָקוֹם, מקום זרע, מְקוֹמִי· מנוּסי (93, 19). המקוכות, מקומתיכם, מקומתם· מאור· מנוח· מנוחה· מבוא· מֵרוּץ· סוף מול (=מְאוּל*, cf. 14 a. 96,9³), מול האלהים, אחר אל־מול, נגב ממול· ממלי·

24. תְּהוֹם (taha'wam).

32. מָצוֹק, צוקה מְעוּף· מְאוּמָה, מאום (11), מום· משובה, מהומה·

34. תְּאֻנִים, תעודה·

Note עָוֶל, עַוְלוֹ, עַוְלָה (97,17 f.; note the guttural surroundings) a. עולת ; אָוֶן a. און; רֶוַח, שַׁוְעָתִי; הרוחה ; בגוע אחינו ; שָׁוְא (81,21).

LXIV. 2. VERBS.

A. THE SIMPLE STEM. MIDDLE A VERBS.

PERF. qa'wama= IMPF. ya'quwumu= IMP.

qa''am(a)=qâm'[1] ya'qu'um(u) = yā-

קָם qûm'[5] יָקוּם קוּם

קָמָה[2] תָּקוּמִי[2] קוּמִי[2]

קַמְתָּ[3] תְּקוּמֶינָה[6] קֹמְנָה[6]

INF. ABS. קוֹם[4] INF. CSTR. קוּם[7]

PART. קָם[8]: קוֹם[9]

[1] 98,7. [2]cf. 70, 19[1]. 7[1 2]. [3]cf. 98, 9[2]. [4] ib. 18. [5]ib. 2. [6]cf. 71, 8[6] a. expl. note 3. [7]98, 2. [8] ib. 7. [9]99,6.

NOTES. 1. וָקָאם (81,14), וקם ; וישׁבה a. וישבה (40,17[1]), וישבַת (84, 11[2]); גַּרְתָּה (78,13[2]). —2. יסִר, ירוצון, תְּשְׁבְּנָה (תשבן, 11[6]). Juss. יָשֹׁב (40,16[7]) a. יקִם. ויקם, ואקום.—3. קֻם, קומה but קומה יהוה, סורה אֲדֹנִי סורה אֵלַי. — 4. לנם, לקום.

B. VERBS MIDDLE I AND U.

1. ma'wit(a)= ma''it(a) = mêт' (98, 13) מֵת.

LXIV. VERBS MIDDLE ו. 101

מֵתְנוּ. — ba'wus(a) =bau'š(a)=bôš'(98,15) בּוֹשׁ, וּבֹשׁ, בּוֹשָׁה, טַבוּ; בֹּשְׁתְּ, בֹּשְׁתִּי, בֹּשְׁנוּ (= bōšt etc., cf. ib. 16). — 2. יָמוּת (formed *by analogy*, cf. 100, 5).— yi'bawaš(u) =yi'-ba'aš(u) = yi'bâš(u) = yēʙôš' (84,17ᶦ) יֵבוֹשׁ, אַל־אֵבוֹשָׁה. — 3. מֵת; בּוֹשִׁי. — 4. לָמוּת; עַד־בּוֹשׁ. מוֹת בּוֹשׁ לֹא־יֵבוֹשׁוּ, תָּמוּת. — 5. מֵת; בּוֹשִׁים.

C. THE INTENSIVE STEM.

a. קוֹמֵם, יְקוֹמֵם etc.; קוֹמַם, יְקוֹמַם etc.

b. קִוֵּם, קִיֵּם, יְקַיֵּם etc. (cf. 71, 20-72,4.)

NOTES. 1. לִמְקוֹנְנוֹת, מְמוֹתֵת, תְּקוֹנֵנָּה, מוֹתָתִי; אֲכַלְכֵּל, וְכִלְכַּלְתִּי. — 2. קִיְּמוּ. — 3. תְּרוֹמְמְנָה, כּוֹנְנוּ, וְכָלְכְּלוּ; מְכַלְכֵּל, וּלְכַלְכֵּל (cf. 72, 7).

D. THE CAUSATIVE STEM.

ACTIVE.

PERF.	IMPF.	IMP.
ha'qawama, ha'qawima = hi'qiwima = hi'qiyim(a)=hēqîm'¹	yaha'qawimu= ya'qiyim(u) = yāqîm'¹	
	יָקִים	הָקֵם
הֵקִים	הָקִימִי תָּקִימִי	

[הֲקֵמְנָה] תְּקִימֶינָה הָקִימָה

(תָּקֵמְנָה) הֲקִימוֹתָ(הֵקַ׳)[2]

INF. ABS. הָקֵם INF. CSTR. הָקִים

PART. מֵקִים[3]

[1]97,8. May not the *irregular* production of i to ī in יַקְטִיל (40,7 f.) be due to the principle of *false analogy*? [2]cf. 73,4[3]; 57,14[2]. [3] cf. 73, 4[1].

NOTES. 1. הניפותי a. הֲנִפֹתָ (cf. 100,15[1]), והקימנו ,והֵקַמְתָּ ,והקימתי ; הֲכִנוּ a. הכינונו ,והֵטִיבֹתִי ,הֵטִיבֹת .והמתם ,(93,16[3]) הֲמִתֶּם ,וְהֵמַתָּה.

—2. ואקים ,וַיָּקָם ,אַל־תָּשֵׁב ,יָקֵם ; אשיבה.—

—3. ממיתים ,מְשִׁיבַת נֶפֶשׁ .השיבה.

PASSIVE.

PERF. הוּקַם IMPF. יוּקַם PART.

הוּקְמָה etc. מוּקָם

הוּקַמְתָּ INF. CSTR. הוּקַם

Cf. 72,30 ff.; 74,4[6].

Note מומת ; ותומת ,אל־תומת ; המתו, המומתים.

E. THE REFLEXIVE STEMS.

THE T REFLEX.

ממתקוממים, תתמוגגנה, ותכונן, יתכונן, יתבֹשְׁשׁו.

THE N REFLEX.

PERF.	IMPF.	IMP.
na'qawama = na'qa'ama = nā-qôm'[1] נָקוֹם	yahin'qawimu = yin'qawam(u) = yiqqôm'[3]	
נָקוֹמָה	יִקּוֹם	הִקּוֹם
נְקוּמוֹתָ	תִּקּוֹמִי	הִקּוֹמִי
INF. ABS. הִקּוֹם; נָקוֹם	?	?
PART. נָקוֹם[1]	INF. CSTR. הִקּוֹם	

[1] 101, 4 f. [2] 99, 9[4]. [3] the second a *perhaps* introduced from the perf.; cf. also 74,1[4].

Note נִבְכִים, נָפוֹצֶת, נכונה, ; נפֹצותם נפֹצות.

F. WITH SUFFIXES.

וָאֲסֹכֵךְ—, יְשׁוּפֵנִי, (poet. for צמתם לי) צִמְּתֻנִי

קָמֵנִי—, עוּרֵנִי; אֲרוֹמְמֶנְהוּ, אֲרוֹמְמֶךָּ, ‡ארוממך

והֲמִתִיו, but הֱמִיתָהוּ, הֱמִיתַתְהוּ, וְהֱמִיתַנִי, הֱשִׁיבֵנִי

המיתני; אל־תשיבני, אמיתך, יְשָׁבֵנִי: וַהֲמִתִיהָ;

בהִמלו—להמיתני, בהפיצי.

LXV. VERBS MIDDLE ו — CONTINUED.

A. WITH GUTTS.

1. העירת—אורי, ותארנה; ותחס, יחס, יחוס a. ואעד, וירם, ויאר but ויעד; יאר; †העדת (74,19³), ויסר, וינע, וינח, ינוח, ונחנו. —2. נאור, יעור—ואעיד a. וינר; — מזעזעיך — לך, והנחתי; יניח, ירח, אחרי הטוח, ינוע—מניח; להניח; ויסר, וירע, וינח. Note ורוח, ינוע; יחורו (99,17f.).

B. VERBS MIDDLE ו AND THIRD א.

1. בא, באה, ובאה, באת, באת, באתם.— יבא. Juss. תבואינה, תבאנה (תבאן), יבא a. יבוא הבוא נבוא; לבא—באי, באה, בא—ויבא. אבאה a. הבאתם, הבאת, והביאה†, הביאה, הביא. —2. הבא, ואביא; ויבא, תביאינה, יביא; הביאתם, והבא מעט; למען הביא יהוה; הביאי, הביאה הובא—מביאה, מבאי תודה, מביאים, מביא מובאות, מובאים, מובא; יובאו.

C. נוא.

ויניאו. יניא, הניא.

LXVI. e. ROOTS MIDDLE ו(י) AND MIDDLE י (ע״י, ע״ו).

A. 1. NOUNS.

1. sa′y(i)du(n)=sai′du=sa′yiᴅ (17,10f. ; note

LXVI. NOUNS MIDDLE ו(י). AND MIDDLE י. 105

the influence of the י) מֵצִיד בְּנִי, צִיד, צַיִר (said= sêᴅ', 100,20), מִצִּידוֹ, מִצִּידִי. לַיִל, לַיְלָה (remnant of the accus. ending, without any *adverbial force*, more frequent in poetry). בַּחֵיק. לֵילוֹת. תְּשִׁישִׁים a. עֲיָנוֹת but עֵינַת מַיִם. עֵינִים, עֵינָיו, וּלְעֵינֵי עֲבָדָיו. שֵׂיבָה, שֵׂיבַת שֵׂיבָתְךָ, שֵׂיבָתִי, עַבְדְּךָ (note the spelling!). —אֵיכָה. אֵין, וְאֵין מִסְפָּר, אֵין אֵינֶנִּי (cf. 98,20²), אֵינְךָ, אֵינֵךְ, אֵינֶנּוּ. אֵינֶנָּה; אֵינֶנּוּ, אֵינְכֶם, אֵינָם. בֵּין הָאוֹר, בֵּינִי, בֵּינְךָ, בֵּינוֹ; בֵּינֵינוּ, בֵּינֵיכֶם, בֵּינֵיהֶם; בֵּינוֹתֵינוּ, בֵּינוֹתָם. אִישׁ הַבֵּנַיִם.

2. ši'y(i)r = šîr' (102,5¹) שִׁיר, מִשִּׁיר צִיּוֹן, שִׁירָה, שִׁירִים. שִׁיחִי. שִׂיחַ. (שִׁירָה) שִׁירוֹ, וּמִשִּׁירֵי שִׁירוֹת הֵיכַל; שִׁירַת דּוֹדִי.

4. רֹאשׁ, רָאשִׁים (100,13¹); דָּן. la'yas = la'yis (?)=lês' לֵץ, זֵדִים.

21. מָצָר (cf. 99,13). מְצוּדָה a. מְצוּדָה.

22 (31). מְדִינָה, מְרִיבָה.

29(34). תְּשׂוּמֶת יָד, וּתְמֻנַת יהוה, תְּבוּנָה†.

27. דַּיָּן, דַּיַּן אַלְמָנוֹת (83,5 f.). דִּיגִים. צַיָּדִים a. דַּוָּגִים. כִּיּוֹר.

106 LXVI. VERBS MIDDLE ו(י) AND MIDDLE י.

45. שָׂשׂוֹן יָשִׂישׂ לִבִּי שָׂשׂוֹן (105,19²).

Note אוֹיִבְךָ, אֹיֵב; אֱיָל; אָיוֹם; אֵיפָה; עָיֵף (note that i is preserved with י).

B. 2. VERBS.

בָּנְתָה, שָׂתָה; יָבִין (=ya'biyin(u), impf. with the characteristic vowel i, preferred here on account of the י), יָגִיחַ, יָשִׂים a. יָשׂוּם, אַל-נָא תָשֵׁת, חִילוּ a. חוּלִי, דִּינוּ, בִּין; וַתָּשַׁר, וַתָּגַח, וַיָּחֶל, וַיָּבֶן, רִיבָה; בִּין תָּבִין† (43,15 f.), שׂוּם תָּשִׂים; לָלוּן a. לָלִין, לָרִיב; בָּנִים, לֵנִים† (Note בִּין [for *בֵּין, cf. 105,14f.], אָשׂוּחָה, וַתְּחוֹלֵל אַרְיֵן—בִּינֹתִי, רִיבוֹתָ, מְשׂוֹרֵר—הֲבִינוּ (the causative forms, it seems, are due to *false analogy*, cf. יָבִין in the simple stem); וּמְבִינֵי מַדָּע, מְבִינִים, מֵבִין; לְהָבִין; הָבֵן—הִתְבּוֹנֵן, וְהִתְחַלְחַל, נְבֻנוֹתִי, וַיָּלִנוּ; נָבוֹן, וְנָבוֹן, נְבוֹנִים, דָּבָר.

Note the following table of 1. ע״ע forms of ע״ו verbs, 2. ע״ו forms of ע״ע verbs and 3. פ״י forms of ע״ו verbs.

LXVII. NOUNS THIRD ו(י) AND THIRD י. 107

1.

a. בַּז, טַח, רָמוּ; מֹל;
עַד־שׁוּב הרדפים.
b. לֹא־יָמֵר; הזילוה,
הִסית, a. יָסית, הֵסית
יסית, מסית; יסיג, הַסג;
הֵרֵעוּ. הֵנִיחַ (104,6 f.,
74,20), יניח, אל־תנח,
וינח, הנח, הניחה,
להניחו, מניח, מֻנח.
תלינו.
c. נָמֵר, נָמוֹל, נֵעוֹר;
ירמו, יִסַּג; הֵרמו; נמלים. יֵרוֹעַ.

2.

a. יָרוּן, וַיִּשַּׁר; לְכוּר.
b. הֵשִׁירוּ, הֵפִיר.
c. תבוז הבוז; תֵּעוֹר,

3.

הֱבִישׁוֹת a. הוֹבַשְׁתָּ.

f. ROOTS THIRD ו(י) AND THIRD י (ל״ו AND ל״י).

LXVII. 1. NOUNS.

1. ša'h(u)wu(n)=šā'hû (97,18; 100,11) שָׁחוּ,
בשלוי; שלוה, שלות כסילים. גאוה. גאותי,
gad(i)'yu(n) (the y may be original or not; i, its

homogeneous vowel, draws, in *connected* speech, the accent upon itself=geDî′ (105,11) גְּדִי, גַּדְיִ (=ga′diy; note è!), שִׁבְיוֹ, שִׁבְיֵךְ†, שְׁבָיִם but שְׁבִיכֶם† (note the *shifting* of the tone). גְּדָיִים, צְבָיִם a. צְבָאִים (y=′, cf. ib. 14[1]), גְּדָיֵי עִזִּים (cf. 82,1[4]). בְּעָדִי, עֲדִי, צְבָאוֹת; שִׁבְיָה. לְחָיֶיךָ, לֶחֱיֵי. לֶחְיוֹ; עֶדְיֵךְ, עֲדָיִים, הַחֲנֻיּוֹת (חָנוּת* hānûT′=ha′n(u)wt). רֵעִיתִי. (הַשָּׂדֶה) (hanu′wât=hanuyyôT′; the doubling of the third radical [w, which then is formed into y, cf. 101,11] prevents its absorption by the preceding vowel; note that the vowel in the sharpened syllable remains short, because unaccented: *a closed unaccented syllable is equal in duration of pronunciation to an accented syll. with a produced vowel*). שְׁבִית. חֲנִית, הַחֲנִיתִים, חֲנִיתְךָ (the plural ending attached to the t of the fem. end., which, by *false analogy*, is regarded as a radical conson.; note that the loss in pronunciation of the final cons. was favorable to such formations), צִבְיָה. וַחֲנִיתוֹתֵיהֶם (9 ff.), גְּדִיּוֹתַיִךְ. day′yu(n)=day′ דַּי, דֵּי, דֵּי מַחְסֹרוֹ (day′= dê′, 105,1[8]), דַּיֶּךָ, דֵּי (ib. 7[4]), כְּדֵי רִשְׁעָתוֹ—דַּיִּם,

LXVII. NOUNS THIRD ו(י) AND THIRD י. 109

בבלי, בְּנֵי בלי־שֵׁם, שַׁחַת בְּלִי· מדי חדש בחדשו על־כלי הגיר לו, מבלי־דַעַת, לבלי־חק, דעת ומושיע, בלתי היום, (98, 4 f.), בִּלְתִּי טהור הוא בלתי אַיִן, בלתך, אֱכֹל לבלתי· בַּל (= bal'ya(n), with the third radical *entirely absent*, a *biliteral form*; poet. for לא etc.).

2. —בְּנִיָּה; חציו, חֶצְיִי, חֲצִי· חרות יהוה, חֵרוּת 'in(y)t' (4 f.) = 'in'ta ='it'ta='ēт' אֶת כְּדָרְלָעֹמֶר, אתה, אתו, †אִתָּךְ, †אִתְּךָ אתך, אִתִּי, אֶת־החמשה; אֶת השמים 'i(w)(w)t'='ēт' ·אתם, אתכם, †אִתָּנוּ, אֶת־הרקיע. See XIV. A.

3. יְפִי חכמתך· כְּסוּת, כסותך· תֹּהוּ וָבֹהוּ. וחלי· חֳלִי, החלי, וחלים; יפיה, יפיו, יפיך, יפיך, יָפְי, אֳנִיָּה.

4. עָנָו (עֲנָיו) qere, *false analogy*, cf. 16, 11); עֲנָוִים, עֲנוֵי־ארץ· כֹּו וכל־אשר שָׂדַי יעלז (poet.), שָׂדֶה (=sa'day=sa'dê=sāᴅè', ê *widened* to è; note the function of ה as a *vowel letter*; the term 'ל״ה roots' is therefore to be rejected), שְׂדֵה העיר (ê

retained), שָׂדַי (109,8), שָׂדְךָ, שָׂדֵהוּ (15, 15; the third radical retained in ê, to which the form of the suffix is attached *without* an intervening case vowel), שָׂדֶה; שְׂדֵי חמד, שדינו, שדיך; שָׂדוֹת, שדות גֶּבַע, שדתינו, שדתיהם, בשדתם. פָּנִים, פני אֲבִיכֶן, פני· לפנים, מלפנים· עַל־פני תהום, שָׁמַיִם· מפני יהוה, לפני האלהים, את־פני יהוה (=ša'may-îm, *falsely taken* for a dual, hence the peculiar accent), שמי השמים, שמיך· עֲדֵי אֹבֵד (י retained in *spelling*; poet.), עַד־ראש (1י). עָדַי (= 'a'day-y[a], the noun [prepos.] in the *singular*!), עדיך, עדיו, עדיה : עָדֶיכֶם†· עֲלֵי־עָשׂוֹר (poet.), עַל־משה· עָלַי, עָלַי, עליך, עָלַיִךְ עליך, עָלֵיכִי† (cf. 16, 9י), עליו, עליה ; עלינו, עֲלֵיכֶם, עליהם, עליהן· כעל גְּמֻלוֹת, מעל־פני המזבח, מעל־לרקיע· עָרוֹת (= 'a'rawat = 'a'ra'at etc.). קְצָת (qasa'wat), קְצָוֹת ; מְנָת, מניות (מנאות), אות (='a'wât='a'wawat); אותות· עָנָוָה, ענותך; רויה· כָּלָה הארץ· גְּלוֹת (=galawt').

5. שָׁלֵו ; שלוי עולם· יָפֶה (ya'pi y =yāpê'

LXVII. NOUNS THIRD ו(י). AND THIRD י. 111

=yāpè', *by analogy*, cf. 109,17), יָפָה, יְפֵה, יְפֵה עֵינַיִם, חַי יהוה, חֵי, יפות מַרְאֶה, יפות; יפתי, יְפַת־תאר, חיות, חיה, חַיִּים; חֵי, חֵי נַפְשְׁךָ and

7. רעךָ, רֵעֲךָ, רעי, רֵעַ, †רֵעֶה, רֵעֶה דָוִד, רֵעֶה, †רֵעֵיהֶם, רעי, †רֵעֵי אִיּוֹב, רעים, רעהו; a. רעו בֹּכֶה (with the accent shifted), קָצֶה, מֵעַיִם, אֵלִי, אֱלֵי, אֶל־הַגּוֹלָה, (poet.) אֱלֵי־גִיל. (93,14). אֲלֵיכֶם, אלינו; אליה, אליו, אֵלֶיךָ, אליךְ, אליךָ, אליהן, אליהם, אליכן.

10. ga'lâwu(n) = ga'lâ'u = gā'lâ=gālô' גָּלָה, עָשׂוּ.

11. na'qîwu=na'qî'(u)=nāqî' נְקִי, נָקִי, †נָקִיא, עניך, עניי עמי, העניים; (108,19⁷) לעניך, כפים, גָּזִית. עלית המקרה, רמיה,

12. sa'pûwu=sa'pû'(u)=sāpû' צָפוּי†, נטוות a. עֲשׂוּוֹת (keTIB). ba'zûy(u)=bāzûy' בָּזוּי, בְּזוּי עָם, ובזוי; וחפוי ראש, נטויה, נטויות, ופדויי יהוה, בנויים, העשוים.

13. בלואי a. בלויי סחבות, דְּוַי, דְּוָי, סָתוּ, הסחבות.

15. כְּסוּי עוֹר.

112 LXVII. NOUNS THIRD ו(י) AND THIRD י.

17. גֹּלֶה (110,20³), קֹנֵה שָׁמַיִם, רֹעִי. Note עֹשֵׂנִי (108,21²) a. רֹאָנִי†. עֹשְׂךָ, וְהֹפְרְךָ but חֹנְךָ†, בֹּנִי, בֹּנִים; רֹצִם; רֹאֵנוּ, עֹשֵׂה, (110,2ff.) בּוֹזֵהוּ רֹאֵיהֶם, שֹׁבֵינוּ, רֹאִיה, צֹפָיו, בֹּנַיִךְ, חוֹזֵי, שֹׁלְמֹה, הָאֹתִיּוֹת, (111,13²) בּוֹכִיָּה. חֹלַת אַהֲבָה, חֹלָה. קֹנֵיהֶן Note עֲטִיָּה†.

18. qâtul גָּלוּת, גָּלוּת הַמֶּלֶךְ, גָּלוּתִי

20. גֵּאֶה, גֵּאִים; גֵּאָה.

21(22.) מַשְׁקֶה (109,17ff.), מַשְׁקֵה הַמֶּלֶךְ, מַעֲשֶׂךָ (= ...šaika = šayka), מַעֲשֵׂהוּ, מַעֲשֵׂנוּ; מַעֲשִׂים, מַעֲשֶׂיךָ, מַעֲשֶׂךָ, מַעֲשֵׂי, מַעֲשָׂי, מַעֲשֵׂי יְדֵיהֶם, מִרְעֶה, מַרְאֶה. מַעֲשֵׂיהֶם, מַעֲשֶׂיהָ, מַעֲשָׂיו, מַעֲשֶׂיךָ, מַטֶּה; מִטָּה. מִצְוָה. מַכָּה. מַעֲלָה, —מִשְׁנֵה הַתּוֹרָה מִמַּעַל, מֵעַל, מַעְלָה. מַעְלָה. (מ)לְמַטָּה, מַטָּה, מַטָּה. מַטּוֹת לְמַעַנְכֶם, לְמַעַנְךָ, לְמַעֲנִי, לְמַעַן שְׁמִי; מַעֲנֶה. מִמַּעַל.

22 (31). מַרְבִּית, מַרְבִּיתָם. מַחֲצִית הַשֶּׁקֶל.

23 (32). מַרְדּוּת, מַחֲלֻיִים.

25 (33). תַּכְלִית, תַּאֲנִיָּה. מִתְעֲנִיתִי, תּוּשִׁיָּה (5ᵉ). תּוֹדָה, תַּאֲוָה. תִּקְוַת רְשָׁעִים, תִּקְוָה, תּוּגָה.

26 (34). תרבות אנשים. תחלואים.

35. אֶפְעֶה, אַרְבֶּה.

40. יַעַן אשר לא־הלכו, יַעַן כל־תועבתַיִךְ.

42. רעיון רוח.

43. אביון. עליון. ענַין כספו, קנין.

45. חזיון לילה, חזיון. וכִליון עינים, כליון.
שִׂשׂוֹן)רְצוֹן מלכים (110,10), רָצוֹן. חזינות, מחזינו
לבי [106,1²] explained by the *principle of analogy*),
עונות; חזון יְשַׁעְיָהוּ, חזון. רצונךָ, רצוני.

LXVIII. 2. VERBS.

A. WITHOUT SUFFIXES.

ACTIVE.

PERF. ga'lawa=ga'la'a=

gālâ'' נִגְלָה הִתְגַּלָּה הִגְלָה' גִּלָּה' גָּלָה

ga'lawat=ga'lât=ga'lat=ga'latat=

gā'leTā'' נִגְלְתָה הִתְגַּלְּתָה הִגְלְתָה גִּלְּתָה גָּלְתָה

(ga'lawta =)ga'layta = gālê'Tā =

gālî'Tā' נִגְלֵיתָ הִתְגַּלֵּיתָ הִגְלֵיתָ גִּלֵּיתָ גָּלִיתָ

(נִגְלִית הִתְגַּלִּית הִגְלִית גִּלִּית)

IMPF. (yag'liwu=) yag'liy(u)=

יִגָּלֶה יִתְגַּלֶּה יַגְלֶה יְגַלֶּה יִגְלֶה yiglè'[4]

תִּגָּלִי תִּתְגַּלִּי תַּגְלִי תְּגַלִּי תִּגְלִי[5]

תִּגָּלֶינָה תִּתְגַּלֶּינָה תַּגְלֶינָה תְּגַלֶּינָה תִּגְלֶינָה[5]

IMP. הִגָּלֵה הִתְגַּלֵּה הַגְלֵה גַּלֵּה גְּלֵה[7]

הִגָּלִי הִתְגַּלִּי הַגְלִי גַּלִּי גְּלִי[5]

הִגָּלֶינָה הִתְגַּלֶּינָה הַגְלֶינָה גַּלֶּינָה גְּלֶינָה[5]

INF. CSTR. הִגָּלוֹת הִתְגַּלּוֹת הַגְלוֹת גַּלּוֹת גְּלוֹת[8]

" ABS. נִגְלֹה [הִתְגַּלֵּה] הַגְלֵה גַּלֵּה גָּלֹה[9]

PART. נִגְלֶה[11] מִתְגַּלֶּה מַגְלֶה מְגַלֶּה גֹּלֶה[10]

גָּלוּי[12]

[1]100, 10[1]; 37, 2[3]. [2]38, 12[1]; 73, 6[1], with the shortening of â (106,1[3]), the t was taken for a radical letter (*popular etymology*!) and, as a consequence, the word was inflected anew. [4]ê *may* be flattened to î. [5]112,1[1]; with verbs (orig.) middle i, the form goes back to yaglay. [6]113,7[3]. [8]110,19[3]. [9]111,10. [10]112,1[11]=naglay, cf. 112,9[1]. [12]111,16.

PASSIVE.

PERF.	גֻּלָּה	גֻּלְּתָה	גֻּלֵּיתָ
	הָגְלָה	הָגְלְתָה	הָגְלֵיתָ

IMPF. yagul'lay, yug'lay etc.[1]

יְגֻלֶּה	תְּגֻלִּי	תְּגֻלֶּינָה
יָגְלֶה	תָּגְלִי	תָּגְלֶינָה

INF. CSTR. גֻּלּוֹת· הָגְלוֹת·

" ABS. (גֻּלֹּה·) הָגְלֵה·

PART. מְגֻלֶּה מָגְלֶה·

[1]cf. 114,18[11].

NOTES. 1. הֻגְלָה (74, 17[9]).—2. והִרְצָת a. כָּלוּ· הִשְׁקְתָה, נִגְלְתָה, כִּלְּתָה ;†הָגְלָת (114,17[6]). ונִגְלִינוּ ;בִּנְתָה, וְהִשְׁתַּנִּיתָ, גָּלִיתָ ;†שִׁלֵּוּתִי —3. וְהִשְׁקִיתָ, וְכִלִּיתָ, וְקִוִּיתִי, וּבָנִיתִי, וּכְנִית ; כַּסִּיתֶם a. וְהִשְׁקִית.—4. אֲדַמֶּה, תְּכַסֶּה.—5. יִשְׁלָיוּ (y retained; note the position of the accent!), וְיִשְׁבֶּה.—7. וַתִּדְלֶנָה.—6. יִבְכָּיוּן, תִּרְמְיוּן, יִרְבְּיֻן —8. הִזַּכּוּ.—9. a. יִבֶן (100,16[1]; the second vowel a faint remnant of the corresponding vowel of the stem, cf. 23, 1 f.; note that the first vowel, though accented, remains as yet short), וַיִּבֶן ;

LXVIII. VERBS THIRD י(ו) AND THIRD י.

b. וַתֵּפֶן (cf. 23, 5⁵), וַיָּאפֶן ; c. וַיִּפֶת (cf. ib. 7⁶ ; the dageš lene indicates that a faint vowel was heard after the final consonant), וַיֵּבְךְּ, d. וַיֵּשֶׁב.

a.—וַיִּגֶל, וַיֵּכַל, (9¹, 76) תֵּגַל—תֵּשְׁתְּ, יֵשְׁטְ, יֵרֶד, תֵּגַל. וְיִתְגַּל—וַיִּשְׁקְ, יֵרְדְּ, יָפְתְּ, b. (cf. 23, 1); 10.—וְאָפַת וַיִּקֶר, הֶרֶב, גַּל. 11.—הֶרֶף. מְכַסִּים, מַרְבֶּה ; מְכַסּוֹת, מְגַלֶּה, מְכַסִּים, מַבְכּוֹת, מְבַכָּה, נָבֹזִים ; מִתְכַּסִּים ; הַמְגַלִּים ; מַרְבָּה, מַרְבִּים, רְגָלִים, הַנִגְלוֹת, נִגְלָה.

B. WITH SUFFIXES.

1. קְנָנִי (115, 12⁵), פָּדְךָ, קָנֶהָ, קָנָהוּ, פְּדָם ; וְהִפְדָּהּ, וְהִרְבְּךָ, וְהִרְבְּךָ, הַקְנַנִּי ; כֻּלָּנוּ, כִּסָּהוּ, רְמָנִי, וְשָׁבוּם, כְּרוּהָ, בְּנוּהוּ. וְכִלָּתוּ, כְּסָתַנִי—הַגְלָם, פְּדִיתִיךָ. רְמִיתַנִי. הִשְׁקִיתָנוּ, כִּסִּיתוֹ, בְּזָתָנִי—וְכִסּוּךְ, וַתִּרְצֵנִי. 2.—וְהִרְבְּכָתִים : דְּמִיתִיךָ ; וּבְנִיתִיהָ, מְשִׁיתָהוּ ; אֶפְדֵּם, יִבְנֻנּוּ, יִבְנֻהוּ, תְּשַׁבֵּךְ, יִרְצְךָ, הִירְצָה—וַיִּגְלוּם וִיכַלֻּהוּ ; תִּפְדוּנִי—וַתִּשְׁקֵהוּ ; וַתְּכַסֵּנִי ; כִּלּוֹתוּ ; בַּל תִּי. 4.—הִשְׁקֵהוּ ; כִּסּוּנוּ ; פָּדֵנִי. 3. מַשְׁקֵהוּ ; מְצַפֶּיךָ, מְבַסֶּיךָ. 5.—בְּהִבָּנְתוֹ ; בְּהִגָּלוֹתִי וּמַשְׁקָיו.

LXIX. VERBS THIRD (ו)י AND THIRD י —CONTINUED.

A. FIRST GUTTURAL.

1. חֲסָיָה a. חֲסָיו, וְעֹשָׂת, עֲלִיתֶם.—הֶעָדָה,
5 יַעֲלֶה, תַעֲשִׂין, תֵּעָשׂוֹן; אֶעֱלֶה. הֶיָחַתָּה a. תַּחֲנֶה,
יֶחֱזֶה, יֶחְשׁוּ, יֶחְצוּן; יַחֲזִין, יֶחֱסָיוּן, תֶּחֱסֶה, יֶהְגֶּה,
יֶהֱמֶה, אֶהֱמָיָה, יַהֲמִין.—וַתַּעַד (cf. 53, 12), וָאַעַל,
וָאֶעֱשׂ (וַאעשה); תַּחַז, אָחַז, וַיַחַן, וְאֶחֱזֶה, וַיֶּחֱזוּ,
וַיַחְצֵם. Note וַיִּחַד (cf. שָׁלַחַתְּ, 64, 5), וַיִּחַן but
10 וּנְחַנָה, וַיַּחַר.—עָלָה, (עָנוּ) עָנוּ; חָזָה, וְחָנָה, חָסוּ,
אֵלַי.—לַעֲשׂוֹת Note עָשָׂה לְמַעַן, עֲשׂוֹ הִשְׂכַּלְתָּ,
עֲשָׂהוּ לֹא־תוּכַל לַחֲזוֹת, לַחֲסוֹת a. לַחְסוֹת;
2. — כַּהֲמוֹת יָמִים, הֶעֱלָה, הֶעֱלָךָ, הֶעֱלִתַם,
וְהֶעֱלָתָה, הֶעֱלוּ, וְהֶעֱלוּ, הֶעֱלִית, וְהֶעֱלִית, הֶעֱלִיתָנוּ,
15 הֶעֱלִית, וְהֶעֱלִית, הֶעֱלִיתִי, וְהֶעֱלֵיתִי, וְהֶעֱלִיתֶם,
הֶעֱלִיתָנוּ—יַעֲלֶה, אַעֲלֶה; וַיַּעַל וָאַעֲלֶה,
וְיֵהָס, וַיַּחַר.—הַעֲלֵהוּ, הַעַל, הַעֲלִי but הֶחֱשׁוּ.
לְהַעֲלוֹת.—מַחֲשֶׁה, מַעֲלֵה גֵרָה, מַחֲשִׂים, מַעֲלִים,
הֶחֱלֵיתִי.—מַעֲלַת גֵּרָה, מַחֲלָה, מִמַּעֲלֵי הַגֵּרָה

LXIX. VERBS THIRD (י) AND THIRD

3.— וַיָּחֶל, וַהתחל.—נעלה, נעשה but נעשתה;
נחלו. נחליתי,‏ נחרו.†—ויעשה, יחצו, ירצה.—ותעש.
העלו — הענן בהעלות — נעשים, נעשה,
הנעשות; נחלה, נחלה, הנחלות, נחפה, נחרים.

B. MIDDLE GUTTURAL.

1. אמחה, ימחה.—ראתך, כהתה, ראה, וראך.
Note ירַאֲני .a ותרַאֲני.†תבעיון, וישַׁע, ותֵרֶא; ויֵמַח;
ותֵלֶה : יֵרָא (81, 16 ff.), אֶרֶא, ותֵרֶא, וָאֵרָא but
ויֵרָא .(cf. ib. 21)—.בְּעָיו—לשחות ; פניך וראה.†—

2.—וסחיתי, כהה, כהתה; ורצעהו, וזרם, דָּחֹה. גֵּעו.—
אזרה.†ממחים—3.—הטעו; הלאני, הלאת, הלאתיך;
הראה, הראני, הראני, הראך, †הריתי.—לאוך
יראה, אל תֵּמַח, וֵיחַת, וֵיֵרָא--הראני, הראיני—
4.—מראה, הראת, הראית,—הלאות אנשים
התראו; נתראה, ויתראו, אל תתברע, אל תתגר;
והתגר; hitqatlal(a))‏, משתאה לה; השתחוה
ישתחוה, ישתחוו, ישתחוו, וישתחו (107, 19),—וישתחו;
וישתחו; השתחוי;‏ להשתחות.—בהשתחוָיתי;
משתחוה, משתחוים—נראתה; ידחה, ישאון,
יראה; אל תמח, יפח† ,(75, 2¹) ירא, וירא, ואראָ;
הראה; להראות, להראה.† לבב נכאה.

LXIX. VERBS THIRD ו(י) AND THIRD י.

C. VERBS FIRST נ AND THIRD ו(י) (THIRD י).

1. וַיֵּט ,אַל־תֵּט (10י ,76), וַיֵּז ,וַיִּז, יִטֶּה ,נָטִיו;
 —נְכוּ ,נִכָּתָה ,יֻנְקֶה ,נִקֵּיתִי. 2.—נָחֵנִי ,לִנְטוֹת ;נְטֵה
 אַל־תֵּט ,יִכְבֶּה ,יְכַכֶּה ,יִטֶּה ;הִשָּׁה ,הִטַּתּוּ ,הִכָּה. 3.
 —לִהְטוֹת ;הַךְ ,הִכָּה ;וָאַט ;וָיֵּךְ ,וַיֵּךְ (ib. 8י),
 הֻנְחֵנִי ,מֻכִּים ,מֻכֵּה אֱלֹהִים ;הֻכּוּ ;הֻכְּתָה ,הֻכָּה,
 הֻנְקָה תִּנְקוּ ;יֻנְטֶה ;נֻקָּה ,נָטָיו. 4.—יַנְחֵנִי.

D. VERBS FIRST א AND THIRD ו(י) (THIRD י).

1. יָאתָיוּ ,תֵּאתָה ,יֶאֱתָה ,יֵאָפֶה ;אֲבִיתֶם;
 הֵתָיוּ. 2.—אָתָיוּ ,אָפוּ (.12, 10f); וַיֵּאָת ,וַתִּפֶּהוּ
 לְהַאֲלֹתוֹ ;הֵתָיוּ ;וַיֹּאֶל.

E. VERBS FIRST ו(י) AND THIRD ו(י)
(THIRD י).

1. וַיֵּךְ ,הוֹתִיפִי ;יָרָה ,לִירוֹת—.2. יִפֵהוּ ,לִידוֹת.
3.— הוֹרוּ ,וְהוֹדֵיתִי ;הוֹרֻהוּ ;תּוֹגִין ,יוּדָה ,יְהוּדָה
וַיּוֹר ,אֲהוֹדֶנּוּ (97, 12י).

F. VERBS MIDDLE ו (MIDDLE י) AND THIRD
ו(י) (THIRD י).

1. רֻוְּתָה ,יִלְוֶה ,יְרֻוְיָן ;אִשָּׁוֶה ;לֹוֶה. 2.— צִוָּה,

120 LXIX. VERBS THIRD ו(י) AND THIRD י.

ויצו, יצו, יצוה ; צותה, †צוך, צוך, צוני, צותה

הרוה. —3. צויתי. קוה ; צו, צוה ; ואצוה, ואצו

יקוו, נקוו ; —4. העותו ; העוינו, העויתי, העוה

נעוה. נעוה, נעויתי. הנלוים ; תכוינה

G. היה (הוה) AND חיה (חיי).

1. היה, היתה, היית, והית a. והיתה, והיית,

הייתם, והייתם (11,16). יהיה, יהי (108, 1f.),

היי, והיה, היה, הוי a. הוה ; ואהי, ויהי, ויהי

היותי, מהי, להי, בהיות, היות האדם ; והיו, היו,

גהיתה, נהיה.—הויה, הוה ; היו, היה ; בהיותי,

חיית, חיתה.—וחי אחיך, חי .2—.נהיה ; נהייתי,

וחיה ; ויחי, ויחי, ויחי, ויחי, יחי, יחיה ; וחייתם,

החייתם, חיתני.—חיו, חיה ; חיותם, לחיות ; וחיו, חיי ;

לחיותנו ; חייהו, חיני ; תחיון, יחיינו, אחיה, יחיה ;

החייני ; החייתנו, †החיתם, החייתי, החיה.—מחיה,

להחיות. ; החיו

Note the following table of 1. ל״א forms of ל״י verbs and 2. ל״י forms of ל״א verbs.

LXX. DENOMINATIVE NOUNS. 121

1.

1. וְרָצָאתִי, שְׂנָא; הָוֵא; אָתָא (*in spelling*).

3. אַל־, תְּלָאוֹם; תְּלוּאִים, לִירוֹא, תֹּבֵא; וַיְּחַפְּאוּ (*in inflection and spelling*). Note also לִקְרַאת רֵעֵהוּ (119, 10²), לִקְרָאתִי.

2.

1. נִפְלֵיתִי, רְפָה; הַחְבֵּה, וְנֶחְבָּה; יְמַלֵּה.

2. נִשֵּׂא, כָּלֵאתִי; רִפֵּאתִי, נִפְלָאת; מְלֹאת; וְהִפְלָא; מַלֹּאת (*in inflection*).

3. נָשׂוּ, כְּלִתֵנִי; נְשׂוּי־פֶּשַׁע, בּוֹטֶה, יְכַלֶּה; הַמְּצִיתִךְ; וַיְרַפּוּ; וְצָמִת; הִתְנַבּוֹת, הִתְנַבֵּית; וַיְּרַפּוּ, וְנִפְלֵינוּ, נִרְפָּתָה.

LXX. DENOMINATIVE NOUNS.

A. WITH THE AFFORMATIVE ÂN.

רִאשׁוֹן; בָּאַחֲרוֹנָה, אַחֲרוֹנִים, אַחֲרוֹן, הַקַּדְמוֹנָה (=רִאשׁ+וֹן, ô[and û] *dissimilated* to î before a following ô), רִאשֹׁנוֹת, רִאשֹׁנָה, בָּרִאשֹׁנָה, רִאשֹׁנִים; עֲקַלָּתוֹן, תַּחְתּוֹן, — תִּיכוֹן, (חוּץ+וֹן=) חִיצוֹן, נְחֻשְׁתָּן.

B. WITH THE AFFORM. IYY.

רַגְלִי, נָכְרִי, עִבְרִי, עַרְבִי, אֲרַמִּי, חִתִּי, שְׁלִישִׁי; עַזָּתִי
פְּנִימִי; (מִצְרַיִם) מִצְרִי; (יְהוּדָה a. עַזָּה) יְהוּדִי but
שִׁלֹה), שִׁלֹנִי; (מַדַּי) מָדִי; (עֲנָתוֹת) עַנְּתוֹתִי; (פנים
n inserted *for euphony*).— קַדְמֹנִי — רַגְלִים, עִבְרִים
a. עבריים (112, 18'), הַגְּרִים a. הגריאים (108, 4), מִצְרִית, מֹאֲבִיָּה; עבריות.

C. WITH THE AFFORM. AY.

Cf. שַׁדַּי; מָתַי, אֲזַי (אָז), כִּי (=* כַּי, cf. 114, 15'), עֲלֵי,
תחתָיו, תחתיך, תחתַי (opp. עָלַי) תַּחְתַּי; תַּחְתָּם—
תחתיהם, תחתיכם, תחתינו, תחתיה, (תחתָו)
אחריו, אחריך, אחרַי (opp. לְפָנַי) אַחֲרַי · תחתיהן
אַחֲרֵי; אחריהן, אחריהם, אחריכם, אחרינו, אחריה
רבים (*back formation* from אחרַי etc.), אַחַר
אַשְׁרֵי; אשריו, אַשְׁרֵהוּ, אשריך · יַחְדָּו · הַדֶּלֶת
שְׁתֵּים עֶשְׂרֵה · הָאִישׁ ·

D. WITH THE AFFORM. (I)YAT, Î*T*.

Cf. רֵאשִׁית — בְּרִית; בְּרִיָּה · מַרְבִּית, תַּבְנִית; בְּכִיָּה
(99, 11), ראשיתך, אַחֲרִית, תחתית ההר,
שְׁאֵרִית, תָּכְנִית.

LXXI. NOUNS WITH MIXED FORMS. 123

E. WITH THE AFFORM. IYYAT.

Cf. עֲלִילִיָּה—צִדִּיָּה.

F. WITH THE AFFORM. ÛT.

Cf. פְּדוּת· מַרְדּוּת — עַבְדֻתֵנוּ ; יַלְדוּת ; מַלְכוּת, מַלְכֻיּוֹת (122, 6¹) ; פְּתַיּוּת ; עֵדוּת ; כְּבֵדוּת· כְּסִילוּת· עַקְשׁוּת ; מִסְכֵּנֻת· מַלְאֲכוּת יהוה·

Note *denominative verbs*: אָהַל = נָטָה אֹהֶל ; עִפֵּר (בֶּעָפָר) ; הִמְטִיר (cf. מָטָר) ; מִתְיַהֲדִים (cf. יְהוּדִי).

LXXI. NOUNS WITH MIXED FORMS.

אִישׁ, אִישִׁי ; אִישִׁים (poet.), אֲנָשִׁים, אַנְשֵׁי הַמָּקוֹם,
אַנְשָׁיו, אַנְשֵׁיהֶן· אִשָּׁה, אֵשֶׁת חָבֶר, אִשְׁתּוֹ ;
נָשִׁים, נְשֵׁי דוד, נָשַׁי, נְשֵׁיכֶם·

בַּיִת, בֵּית פרעה, בַּיְתָה עבדים, בֵּית, בֵּיתִי ; בָּתִּים (120, 7²), בָּתֵּי עבדיך, בָּתֶּיךָ, וּבָתֵּיכֶם·

כְּלִי, כְּלִי נְחֹשֶׁת, כְּלִי, כְּלִיךָ, כֵּלִים ; כְּלֵי זהב, כְּלֵי, כְּלֵיהֶם·

עִיר, עִירְךָ ; עָרִים, עָרֵי הלוים, עָרֶיךָ, עָרֵיכֶם·

LXXII. ISOLATED NOUNS.

אָב, אֲבִי שאול, אָבִי, אָבִיךָ, אָבִיךְ, אֲבִיהוּ, אָבִיו,

.אֲבִיהֶן ,אֲבִיהֶם ,אֲבִיכֶן ,אֲבִיכֶם ,אָבִינוּ ; אָבִיהָ
,אבותיהם ,אבותיכם ,וַֽאֲבוֹת אֲבוֹתֶיךָ ,אָבוֹת
.אבותם

,אֲחֵי אביהם ,אַחִים ; אחיכם ,אָחִי ,אֲחִי אמו ,אָח
,אַחֵינוּ ; אַחֶיהָ ,אֶחָיו ,אַחַיִךְ ,אַחֶיךָ ,אֶחָי ,אַחַי
.אַחֵיכם

.אֲחוֹתֵיכֶם ,אַחְיוֹתַי ; אֲחוֹתִי ,אֲחוֹת אַֽהֲרֹן ,אָחוֹת

,אמהתי ,אַמְהוֹת עבדיו ,הָֽאֲמָהוֹת ; אֲמָתִי ,אָמָה
.אמהותיכם

בָּנִים ; בְּנֵךְ ,בְּנֶךָ ,בִּנְךָ ,בְּנִי .וּבִן־נוּן .בֶּן־אהרן ,בֵּן
.בניכם ,בני בָּנַי ,וּבְנֵי בנים

.בנותיכם ,בנותי ,מִבְּנוֹת הארץ ,בָּנוֹת ; בִּתִּי ,בַּת

.דגתם ,דְּגַת הים ,דָּגָה .דְּגֵי הים ,דָּגִים ; דָּג

,דלתות .דלתי ,דלתי ביתי ,דְּלָתִים .דַּלְתּוֹ ,דֶּלֶת
.דלתות העליה

,דְּמֵי אחיך ,דָּמִים ; דִּמְכֶם ,דָּמְךָ ,דָּמִי ,דַּם זִבְחִי ,דָּם
.דמיך

.חֲמוֹתָהּ ,חֲמוֹתֵךְ ; חָמִיהָ ,חָמִיךְ

,יְדֵי המלך ,יָדַיִם .יֶדְכֶם ,יָדְךָ ,יָדִי ,יַד הָעֵדִים ,יָד
,וידות האוֹפַנִּים ,יָדוֹת .יְדֵיכם ,יָדִי ,מידי רשע
.ידתיו

LXXIII. THE NUMERALS.

יוֹם, יוֹמָם, יוֹמְךָ, בְּיוֹמוֹ; יוֹמִים; יָמִים, מִימִים,
יְמִימָה, יְמֵי חַיָּיו, מִימֵי הַשֹּׁפְטִים, יָמַי, וּבִימֵיכֶם;
כִּימוֹת עֲנִיתָנוּ, יְמוֹת עוֹלָם.

מַיִם, הַמַּיְמָה, מֵי נָהָר, מֵימֵי הַיַּרְדֵּן, מֵימַי, מֵימֵיהֶם.

5 עֵץ, עֵצְךָ; עֵצִים, עֲצֵי הָעֹלָה, עֵצֶיךָ.

שֶׂה, שֵׂה עִזִּים, שֵׂיוֹ, שְׂיֵהוּ.

שָׂפָה, שְׂפַת רֵעֵהוּ, שְׂפָתוֹ; שְׂפָתַיִם, שִׂפְתֵי חֲלָקוֹת,
שְׂפָתֵי, שִׂפְתֵיהֶם; כְּסִיל שְׂפָתוֹת, שִׂפְתוֹתֶיךָ,
שִׂפְתוֹתֵיכֶם.

10 שֵׁם, שֵׁם קָדְשִׁי, שֶׁם־בְּנוֹ, שְׁמִי. שִׁמְךָ שְׁמָךְ, שִׁמְכֶם;
שֵׁמוֹת, שְׁמוֹת הֶעָרִים, שְׁמוֹתָם.

שָׁנָה, שְׁנַת הָרָעָב, שְׁנָתוֹ, שְׁנָתָהּ; שָׁנִים, שְׁנֵי רָעָב,
שָׁנָיו, שְׁנוֹת מִסְפָּר. שְׁנֵינוּ, שְׁנוֹתַי, שְׁנוֹתַי,
שְׁנוֹתֶיךָ, שְׁנוֹתָיו, שְׁנוֹתֵינוּ, שְׁנוֹתָם.

15 LXXIII. THE NUMERALS.

A. CARDINAL NUMBERS.

1. אֶחָד, אִישׁ, אַחַד הֶהָרִים; אַחַת אִשָּׁה,
הַיְרִיעָה הָאֶחָת, עָרִיךְ בְּאַחַת. אֲחָדִים יָמִים.

2. שְׁנַיִם אֲנָשִׁים, שְׁנַיִם יָמִים, שְׁנֵי הַמְּאֹרֹת;
20 שְׁנֵינוּ, שְׁנֵיכֶם, שְׁנֵיהֶם. נָשִׁים שְׁתַּיִם; שְׁתֵּי עָרִים,

שְׁתֵּיהֶן, שְׁתֵּיהֶם, שְׁתֵּי בָנוֹת.

3-10. לִשְׁלֹשׁ, עָרִים שָׁלֹשׁ, שָׁלֹשׁ עָרִים. בפרים שלשה, שְׁלֹשָׁה בנים; †שְׁלָשׁ־אֵלֶּה, השנים. שלשתם, שְׁלָשְׁתְּכֶם, שְׁלֹשֶׁת ימים.

אַרְבַּע	cst.	אַרְבַּע	אַרְבָּעָה	cst.	אַרְבַּעַת
חָמֵשׁ		חֲמֵשׁ	חֲמִשָּׁה		חֲמֵשֶׁת
שֵׁשׁ		שֵׁשׁ	שִׁשָּׁה		שֵׁשֶׁת
שֶׁבַע		שֶׁבַע	שִׁבְעָה		שִׁבְעַת
שְׁמֹנֶה			שְׁמֹנָה		שְׁמֹנַת
תֵּשַׁע		תֵּשַׁע	תִּשְׁעָה		תִּשְׁעַת
עֶשֶׂר		עֶשֶׂר	עֲשָׂרָה		עֲשֶׂרֶת

11-12. עַשְׁתֵּי עָשָׂר; אַחַד עָשָׂר כּוֹכָבִים, שְׁנֵים. עשתי עשרה יריעת, עָרִים אַחַת עֶשְׂרֵה. שְׁתֵּים עשרה אבנים, עשר נשיאִם (7, 12).

13-19. שְׁלֹשׁ עשרה ערים, שִׁשָּׁה עשר אֲדָנִים.

שְׁלֹשָׁה עָשָׂר	שְׁלֹשׁ עֶשְׂרֵה
ארבעה "	ארבע "
חמשה "	חֲמֵשׁ "
ששה "	שֵׁשׁ "
שבעה "	שְׁבַע "

שְׁמֹנֶה עֶשְׂרֵה   שמנה עָשָׂר

תְּשַׁע "   תשעה "

20-99. עֶשְׂרִים עִיר but עשרים ,אַמּוֹת

שבעים ,שִׁבְעִים בְּנֵי יְרֻבַּעַל ,שְׁלֹשִׁים בָּנִים רֹכְבִים

,שִׁשִּׁים ,חֲמִשִּׁים ,אַרְבָּעִים ,שלשים ,עשרים ; אֶחָיו

,שֶׁבַע ושמנים ,שְׁמֹנִים ,תִּשְׁעִים· שָׁנָה ,שבעים

·חָמֵשׁ שנים ושבעים שנה ; שִׁשִּׁים וָשֵׁשׁ

100-100,000. ,מְאַת שנה ,מאה שְׁעָרִים ,מֵאָה שנה

שְׁלֹשׁ ·מאתים טְרִים ,מָאתַיִם איש ·מאת אדנים

,חֲמֵשׁ מאות אֲתֹנוֹת ,ארבע מאות איש ,מֵאוֹת שנה

שְׁמֹנֶה מאות ,נפש שְׁבַע מאות ,שֵׁשׁ מאות שקלים

;אלף פעמים ,אֶלֶף אַמָּה ,תְּשַׁע מאות שנה ,חָלָל

,שלשת אֲלָפִים איש ·אלפים סוסים ,אַלְפַּיִם איש

ארבעת אלפים ; כשלשת אַלְפֵי איש etc.

,שְׁתֵּי רִבּוֹא ,שְׁתֵּי רִבּוֹת ·רִבּוֹ ,רִבּוֹא ,רְבָבָה

·שֵׁשׁ רִבֹּאוֹת ; שתים עֶשְׂרֵה רִבּוֹ ,ארבע רִבּוֹא

·שש מאות אלף ,מאה אלף

B. ORDINAL NUMBERS.

,שִׁשִּׁי ,חמישי ,רביעי ,שְׁלִישִׁי ,שֵׁנִי ,רִאשׁוֹן

שְׁבִיעִי, שְׁמִינִי, תְּשִׁיעִי, עֲשִׂירִי. Note בשבעה־עָשָׂר
יום, בשנת הארבעים.

C. FRACTIONS.

שלישית, רביעית, חמשית a. חמישית, ששית,
שביעית, עשירית (עשיריה). רֹבַע or רֶבַע, חֹמֶשׁ.
חֲצִי, מֶחֱצָה, מַחֲצִית.

D. DISTRIBUTIVE NUMBERS.

שנים שנים, שְׁנַיִם שבעה שבעה.

E. MULTIPLICATIVE NUMBERS.

אַרְבַּעְתַּיִם, שִׁבְעָתַיִם שבעתים.

LXXIV. POLYLITERALS.

A. NOUNS.

1. רַעֲנָן, רעננים, רעננה. נָאוֶה, נָאוָה. סַגְרִיר,
נַעֲצוּץ, שְׁעַרוּרָה (the *third* radical *repeated*).—
2. יְרַקְרַק; הפכפך, אֲדַמְדָּם; אדמדמת, חֲלַקְלַקּוֹת,
עקלקלות. יְפֵה־פִיָּה. פְּתַלְתֹּל, שחרחרת. פְּקַח־קוֹחַ,
אֲסַפְסֻף (the *second* and *third* radicals *repeated*).—
3. חַשְׁמַל, קַרְקַע הים; עַקְרָב, עקרבים, זַלְעָפָה,
זַלְעָפוֹת, זלעפות רעב. שַׁלְהֶבֶת. שְׂמֹאל. סַנְוֵרִים.
—חַרְמֵשׁ. —כַּרְכֹּם, קרדמים, חרצבות רשע.
עַשְׁתֹּרֶת. גַּלְמוּד, גלמודה. שְׁקַעֲרוּרֹת, צְפַרְדֵּעַ.

LXXV. ISOLATED PARTICLES.

חַלָּמִישׁ, חַלָּמִישׁ צוּר. עֲטַלֵּף, חֲבַצֶּלֶת (a *new* consonant *added* or *inserted*).

B. VERBS.

1. אמלל, אָמְלַל, שַׁאֲנַן, רַעֲנַנָּה; שׁאננו
2. — אֲמָלְלָה. — סְחַרְחַר; חֳמַרְמְרוּ — 3.
מְחַסְפַּס; יְכַרְסְמֶנָּה (all *intensive formations*).

LXXV. ISOLATED PARTICLES.

1. ADVERBS. הֲלָאָה, שָׁמָּה, עַתָּה. הֲלֹם, הֵנָּה,
פֹּה, שָׁם, אָז, אֲזַי, מֵאָז, אָכֵן, אַךְ, רַק, יֵשׁ, יֶשׁ־לִי, יֶשְׁנוֹ,
אֵיכָה, אֵי, אַיֵּה, אַל, לֹא. הֲיִשְׁכֶם, יֶשְׁכֶם (?),
אֵיכָכָה, אֵיךְ; אֵיפֹה, אֵפוֹא, אַיֵּה. אֵיכָה
אֵיו, אַיָּם, מֵאַיִן, עַד־אָן (ai *irregularly* contracted to
â). אָנָה. עַד־אָנָה. עַד־אָנָה, מַדּוּעַ, לוּ, נָא, אַל־נָא, אָנָּא
(אָה נָא = *אָנָה).

2. PREPOSITIONS. יהוה, מִבַּלְעֲדֵי, וּכִבְלְעֲדֵי
בִּלְעֲדֵי, וּבִלְעָדֶיךָ.

3. CONJUNCTIONS. אַף, אַף כִּי, אוֹ, אִם, אֲבָל,
כִּי־, כִּי, טֶרֶם, גַּם; מאשר, כאשר, אֲשֶׁר, אַךְ, אוּלָם
אִם, לוּ, לוּלֵא (for *לוּלֵא, *dissimilation*, cf. 121, 17f.),
יַעַן אשר, אחרי אשר, פֶּן etc.

4. INTERJECTIONS. אֲבוֹי, אוֹי, הֶאָח, אָח, אֲהָהּ, הִנְּךָ, הִנֶּנִּי, הִנְנִי הִנֶּנִּי, הִנֵּה, הֶן־עָם, הֵן · בִּי · הִי, אִי הִנָּךְ: † הִנּוֹ, הִנְנוּ הִנֶּנּוּ, הִנֵּנוּ, הִנְּכֶם, הִנָּם·

LXXVI. NOUN AND VERB. A RECAPITULATION.

BARTH, Die Nominalbildung in den semitischen Sprachen. Leipzig. 1889—1891.

1. [qutula]qatula (36,7), yaqutulu (?) (verbs asserting an *inherent* quality [30,12 have the vowel U as their characteristic vowel in both [?] the perfect and imperfect tense-stems; with triliterals the char. vowel is found in the second syllable of the stem).

2. [qitila] qatila (36,2), yaqatalu [yaqitalu] (ib 12.) (the char. vowel of verbs asserting a *simple* quality [30,11²] is I in the perf. and A in the impf. tense-stem).

3. qatala (31,9) yaqitilu (114,1: 106,5f.; 93,6³; 83,22²; 78,17f.) or yaqutulu (32,21) (verbs asserting a *fact* [30,11¹] have in the active voice as their char. vowel A in the perf., I in some cases, but as a rule, U in the impf. tense-stem).

4. qattala, yaqattilu (37,17); haqatala, yahaqatilu (39,20 f.); hitqattala, yahitqattilu (41,17f).;

LXXVI. NOUN AND VERB. 131

naqatala, yahinqatilu (43,2 f.) (the intensive, causative and reflexive stems exhibit in the perf. and impf. tense-stem respectively the same char. vowels as the simple stem of middle A verbs, cf. 130,18 ff.).

5. quttila, yaquttalu (39,4); huqutila, yahuqutalu (41,2); cf. also 30, 15ff. (the char. vowels of the perf. and impf. tense-stems respectively in the *passive* are the same as those of verbs middle I, cf. ib. 14ff.).

6. qatâlu(n) (32,15); qattâlu(n) (38,3), haqatâlu(n) (76,15), naqatâlu(n) (43,9.14²); הִקְטֵל (41,7.9²) (the nominal form [32,15], commonly called the *infin. absolute*, shows char. vowel of the perf. tense-stem in lengthened form; hence the name given ib. 14).

7. qutulu(n) (35,12; 37.6⁵;38,11; 39,13⁴; 40,14⁵; 41,11⁴; 42,10; 43,19f.) (the nominal form [35,12 f.], commonly called the *infin. construct*, constitutes the bare impf. tense-stem; hence the name given ib. 11.)

8. maqattilu(n) (38,10), maquttalu(n) (39,14⁶). mahaqatilu(n) (40,10), mahuqutalu(n) (41,10³), ma

hitqattilu(n) (42,7²); naqtalu(n) (43,14¹) (the participles of the intensive and causative stems show the char. vowels of the respective impf. tense-stems, while that of the נ reflexive reproduces the vowel of the perf. tense-stem).

9. qâtilu(n) (35,16), qatûlu(n) (ib. 17) (the participles of the simple stem show equally the vowel of the impf. tense-stem, cf. yaqatilu [yaqitilu, 130, 17] and yaqatulu [yaqutulu, ib. 18); in one case the first vowel, in the other the second is lengthened; note also the principle of differentiation).

10. קָם (100, 10³): קָם (ib. 5¹) = זָקֵן: זָקֵן = קָטֹן: קָטֹנְתִּי (note in these nouns [participles, adjectives) the vowel of the perf. tense-stem, and the correspondence in meaning of the nominal and verbal forms).

11. qa'talu(n) = qa'tal (nom. form. 4) or qa't(a)l (1), qi'talu(n) = qi'tal (51, 8²) [or qi't(a)l (nom. form. 2)], qu'talu(n) [= qu't(a)l (3)]; qata'lu(n) or qita'lu(n) = [qatal' or] qital' (7).— qa'tilu(n) = qa'til (5) [or qa't(i)l (1)], qi'tilu(n) = qi't(i)l (2), qu'tilu(u) [= qu't(i)l (3)]; qati'lu(n) or qiti'lu(n) = qatil' or) qitil' (8).— qa'tulu(n) = qa'tul (6) [or qa't(u)l (1)],

LXXVI. NOUN AND VERB.   133

qi'tulu(n) [=qi't(u)l (2)], qu'tulu(n)=qu't(u)l (3);
qatu'lu(n) or qitu'lu(n) or qutu'lu(n) = (qatul',
qitul', qutul'(9) (the nom. forms. 1—9 all go back
to dissyllabic forms. with the char. vowels A, I, or
U; note the variations effected by the position of the
accent; when the second vowel is unaccented, it
may or may not be retained as a full vowel; when
the second vowel is allowed to fade away into a
mere remnant of a vowel, it so happens that in most
cases the first vowel was identical with the second,
and consequently the monosyllabic forms 1-3 have
preserved the char. vowels of the original forms.
from which they are derived).

12. qatâl(nom. form. 10): qatal (4)=qatîl(11):
qatil (5)=qatûl (12): qatul (6)= 13: 7=14: 8=15: 9
(*formative lengthening* of the char. vowel).—qattal
(19): 4=qittil (20): 5 (formative *sharpening* of the
middle radical).— 27-29 combine both these elements.—21-26. 35-37. 40—nouns with formative *prefixes* (preformatives). — 30-34. 38 f. 41 —the same
with the char. vowel lengthened. —42-45 — nouns
with formative *suffixes* (afformatives).

13. qatâl: qatalat (cf. צְדָקָה) = qatîl: qatilat

134 LXXVI. NOUN AND VERB.

(cf. אָסִיף and אֲסֵפָה) = qatûl : qatulat (cf. קְטֹרֶת) (formations with formative lengthening of the char. vowel may be replaced by such with feminine ending, the characteristic vowel remaining short; *compensative* forms.).

14. יֶלֶד ‖ יָלַד, חֵפֶץ ‖ חָפֵץ, אֹרֶךְ cf. אֲרֻכָּה ‖ *'aruka. Note טֻמְאָה ‖ טָמֵא (u for i *metaplastically*). עָשׁוֹק, עָשַׁק ‖ (adjectives) שְׁכוּלָה, (גְּבִיר) נָעִים * na'ima עָלֵז, גָּנַב ‖ שַׁכּוּל, עַלִּיזָה, גַּנָּב. שָׁכֹלְתִּי, (גָּבְרוּ) חָנֵף, יָגִיַע, טוֹב, חֲנֻפָּה, זְקוּנִים ‖ יְגֵעִים, טֹבוּ (adj.). שָׁמֵן, אִמְרָה, עֹשֶׁק, יֶאְשַׁם ‖ אָשָׁם — זָקֵן (זָקֵן), (חָנֵף) ‖ יַעֲשֹׁק, יֹאמְרוּ, יִשְׁמַן. שָׁבוּר (עָמוּד), מְלוּכָה, עֲשׁוּקִים ‖ חָזָק, וַתִּשְׁלַם, יֹאכַל, יִמְלֹךְ, (יַעֲמֹד) יִשְׁבֹּר ‖ שָׁלוֹם ‖ גָּדוֹל, (אַסִּיר) אָסִיר, פָּקִיד. יְחַזֵּק ‖ *yapqidu, *ya'siru, אָפֵל, טָמַן, מָלַךְ ‖ מַאֲפֵל, מַטְמוֹן, מַמְלָכָה — יִגְדַּל ‖ מַחְסוֹר, מַשְׁמַנִּים, מַהְפֵּכָה, מַסְלוּל, מַאֲכֶלֶת (adj.). אֶחְסַר, הֲפֵךְ, וַיָּסֹלּוּ, אֹכֶל (ALL HEBREW NOUNS PRESENT THE CHARACTERISTIC VOWELS OF EITHER THE PERFECT OR IMPERFECT TENSE-STEM.)

PART III.
THE PRINCIPLES OF THE MODIFICATION OF SOUNDS. A SUMMARY.

A. CONSONANTS.

LXXVII. THE ASPIRATED PRONUNCIATION OF בגדכפת.

The explosive mutes ב, ג, ד, כ, פ, ת (i. e. all except the emphatic sounds), when preceded by a vowel, are aspirated, i. e. after the opening of the organs, the glottis remains in its position for a short while during which the remaining air produces a breathing. In course of time, the aspirated mutes pass into fricative sounds (3, 18 ff.).

LXXVIII. THE SIMPLE AND EXTENDED PRONUNCIATION OF CONSONANTS.

1. Every syllable originally ends in a vowel (5, 10), i. e. after each vowel a stop is made to allow the organs of speech to perform those operations which are necessary for the sounding of the following consonant. Occasionally the stop is made after the organs have assumed their new position (have been closed or brought near one another), and just before they are opened. The time spent on this mode of consonantal pronunciation may be twice as much as that employed in the *simple* sounding of a consonant. The impression which the *extended* (emphasised, sharpened) pronunciation makes upon our ear is that of repetition or *doubling* (6, 6 ff.).

2. The extended pronunciation of a consonant may be due a. to *formative* reasons: 87, 12 f.; 133, 17f.; b. to the desire of *increasing the volume* of a word: 66, 14 ff. 19 ff.; 68, 15ff.; c. to the *contraction* of identical consonants: 14, 4 f.; 18, 8². 19; 32, 11; d. to the *assimilation* of consonants (cf. LXXIX); e. to the *suppression* of a following (cf. LXXX, 7) or preceding (ib., 5 note) ה; f. to the desire of preventing the *absorption* of a semivowel or its passage into a mere breathing (א): 108, 8ff. (cf. LXXXI, 2); g. or of *preserving* a *short* vowel in its *purity*, i. e. preventing its *production* (cf. LXXXV, 4), *reduction* (ib. 5) or

138 LXXIX. ASSIMILATION OF CONSONANTS.

modification (ib. 11); h. or of making the *loss* (cf. LXXXVI) of a following vowel impossible: 49, 18 f.; 69, 2; i. to *euphony*: 12, 8; 58, 5 f.; 32, 13; 34, 9.

3. Certain consonants are not capable of being extended, viz. the lingual ר and the gutturals in the following order: א, ע, ה, ח. Cf. 11, 22; 61, 12 ff. ח and ה retained their capability of extension for a longer time than the rest; wherever, in the later stage of the language, we find them pronounced *simply* (without effecting a change in the preceding vowel, cf. LXXXIV, 3), we have a case of *lost doubling*).

4. The following consonants, if followed by a *reduced* vowel, equally admit of no doubling (cf. ib.); a. the *emphatic* sound ק (49, 12²); b. the *sibilants* (ס: 80, 5⁴; שׂ: 83, 13⁴; שׁ: 72, 5²; צ: 11, 19¹); c. the *semi*-vowels י (11, 21; cf. 19, 9) and ו (26, 3³); d. the *liquids* ל (11, 19²), מ (ib., 20¹; cf. 19, 9) and נ (72, 5¹).

Note cases like 59, 16²; 74, 19². .

5. No consonant standing at the end of a word (a syllable), can be doubled: 66, 16 f.

LXXIX. ASSIMILATION OF CONSONANTS.

1. The dental nasal נ and, in some cases, the lingual ל are not sounded in certain forms, when they are found in the middle of a word and, in consequence of the loss of the vowel following upon them (cf. LXXXVI), come to stand at the end of the syllable; the time which was to be spent on their pronunciation is employed in placing the organs in the position required by the following consonant which is anticipated. The latter is sounded *doubly* (cf. LXXVIII,1); hence the impression that the liquid has been replaced by a sound *similar* to the following consonant, or *assimilated* to it. 13, 7³. 19³; 43, 19⁵; 48, 5¹; 76, 5 ff.; 78, 7¹. 13¹. 21². — 11, 9 f.; 79, 11²; 80, 13³. The liquid may *exceptionally* remain unassimilated: 48, 4; 77, 3³; 78, 20³. It is, as a rule, not assimilated, when the following consonant is a *guttural*: 76, 19 ff. but 13, 9 f.; 79, 15³.

2. *Real* assimilation, which is due to the anticipation of the following *cognate* consonant (ד, ז, ס, שׂ, נ), takes place with the dentals ד and ת (the latter as augment of the T reflexive); the

LXXX. DISAPPEARANCE (ABSORPTION) OF CONSONANTS.

further result is *contraction* of the identical consonants (cf. LXXVIII, 2 c): 16, 11. 42 14; 62, 17²; 73, 13²; 79,18⁴. ת *exceptionally* assimilated to the palatal צ: 42, 21. With ס or שׁ as first radical, the form hiqtattala is preferred, because the passage in pronunciation from a sibilant to a dental explosive is easier than the reverse: 42, 14 f.; with the emphatic צ, ת in addition is transformed into the emphatic ט (*partial* assimilation).

LXXX. DISAPPEARANCE (ABSORPTION) OF CONSONANTS.

1. א, between two short vowels, is often *absorbed* by the vowel-complex surrounding it; the result is *contraction* of identical vowels (cf. LXXXII, 1) or formation of *diphthongs* in the case of dissimilar vowels (cf. ib. 2). 12, 11; 81, 13; 4². 14. 22¹. 12, 12; 84, 12. Cf. LXXXI, 2.

2. א, following upon an unaccented (reduced) vowel, is readily (but not necessarily) *suppressed* together with the latter: 12, 15 f. 21³; 83, 3². 7¹; 84, 14¹; 88, 11²; 89, 4¹. The suppressed sound may and may not be retained in spelling: 81, 14; 82, 17.

3. א, at the end of a word or syllable (the following vowel namely having disappeared, cf. LXXXVI), is unexceptionally *lost* in pronunciation: the closed syllable is thus opened. 81, 16 f.

4. א, at the beginning of a syllable [in the middle of a word], preserves its consonantal [guttural] character: 81, 18 ff. The exceptions are few in number, and, in each case, the א is preceded by a closed syllable: 82, 2 ff.; 83, 12².

5. א, at the beginning of a word, is always consonantal. Note the singular case 83, 15 f.

6. ה, between two short vowels, or preceded by a reduced vowel, is suppressed in certain prefixes (preformatives, augment) and suffixes. The vowels, or, in the other case, the reduced vowel, undergo the changes indicated above (under 1 and 2). 12, 15; 15, 15; 16, 2; 40, 11³; 41, 2²; 42, 9⁴; 43, 18.

Note cases like 16, 11; 46, 7.

7. ה, preceded by a closed syllable, emphasises, if suppressed,

the consonant upon which it follows: 18, 9; 48, 5³; 44, 14 f. (ה exceptionally not suppressed; 66, 4¹; 96, 3.)

8. ח of the feminine ending (both in the verb and noun) is preserved before suffixes and (in the noun) in the construct state: 15, 3; 16, 16 ff.; 45, 8 ff. In the absolute state and in the verb without suffixes, the ח, because originally unaccented, as a rule is dropped and, as a consequence, the closed syllable is opened: 26, 17 f.; 31, 10. ח exceptionally preserved: 84,11²; 110, 17. Accented ח (in the absolute state) is retained: 27, 3.

9. נ (ם) of the old case-endings (14, 12 ff.), the old plural ending in verbal afformatives (32, 3⁶; 33, 14⁶), the 2. person singular feminine of the personal pronoun (14, 1⁵) and the corresponding afformative in the imperfect (33, 13⁴), the cohortative (34, 7) and the emphatic imperative (35, 4) is, as a rule, dropped. Exceptions: 51, 1⁴; 96, 1⁴; 37, 4⁵; 63, 14³; 37, 4⁴.

10. Cf. 78, 7 ff. 10 ff.

LXXXI. SEMIVOWELS.

1. The labial ו is *rarely* preserved at the beginning of a word (cf. 12, 17) or syllable (cf. 96, 4³); as a rule, the palatal י takes its place: 90, 4 ff.; 92, 16¹; 93, 19¹; 94, 20. Double ו is preserved (with some slight exceptions) in the impf. tense-stem of the N reflexive of verbs first ו (95, 5²), while elsewhere (101, 11; 108, 9) it is replaced by י.

2. A semivowel, standing between two full vowels, passes into a mere breathing (א). The latter may be preserved (108, 4³); but, as a rule, especially when standing between two vowels of the stem, it is subject to *absorption* (cf. LXXX, 1). 98, 7; 100, 10¹; 101, 4 f.; 114, 12. 93, 1 ff.; 98, 13; 100, 20. 98, 15; 101, 2¹. 98, 18. Sometimes the semivowel (י) is preserved by being doubled (cf. LXXVIII, 2 f): 108, 8 ff.; 111, 13².

3. A semivowel which closes a syllable (the following vowel having disappeared) is turned into its corresponding (cognate, homogeneous) vowel, ו into u and י into i. 91, 3 ff.; 94, 16¹; 97,16. 97, 5 f.; 104, 23. If the preceding vowel be u or i, ו is absorbed by the former and י by the latter (in most cases the lost vowel was the same as that which precedes the semivowel, so that we actually have here the fact indicated above under 2). 12, 13; 13, 3⁵; 38, 15¹; 93, 9; 97, 8; 102, 5¹; 105, 11; 106, 5; 108, 2. — 94, 16²; 98,

2; 100, 11ᵇ; 107, 19. In some of these cases, the vowel-complex decides the retention of ו respectively its passage into ׃ 93, 6 ff. The conjunction w(a) passes into û before labials, or any other consonant followed by a reduced vowel: 13, 3.

4. ו or י which close a syllable, are *assimilated* to the following י: 96, 16 f.

5. At the beginning of certain forms, י(׳) as first radical and the unaccented [reduced] vowel following upon it, are *dropped*: 90, 14 ff.; 93, 11ᵇ. 12ᵇ.

6. ו assumes its full consonantal character especially in guttural surroundings: 97, 27 f.; 99, 17 f.; 104, 8.

B. VOWELS.
LXXXII. ORIGIN OF LONG VOWELS.

1. Long vowels owe their quantity either to *formative* motives: 14, 13. 17; 72, 3; 133, 16, or to the *contraction* of two consecutive identical vowels (cf. LXXX, 1; LXXXI, 2) respectively to the *absorption* of a semivowel by its cognate vowel (cf. LXXXI, 3). Thus aa = â, [ii,] iy = î, [uu,] ≝ û. The vowel-complex ii, at a later stage when it is sounded ee (cf. LXXXV, 6), is contracted to ê: 12, 12; 84, 12; 85, 8². Cases of contraction resulting in a short vowel are exceptional: 12, 10; 119, 10². Iy = ê (respectively è): 110, 20³; 114, 16⁶ (cf. 111, 1).

2. Diphthongs are two dissimilar vowels spoken without an intervening stop. They may be *original* (formative: 17, 10; 18, 13) or *derived*, i. e. due to the anticipation (epenthesis) of a vowel belonging to the following syllable (aik=aki: 15, 14), or to the fact described LXXXI, 3. Diphthongs are contracted in Hebrew into their intermediate single sounds (monophthongs): au = ô, ai = ê (91, 5 ff.; 93, 4 ff.; exceptionally ai = â: 16, 11; 129, 12 f.). Less frequently diphthongs are resolved into their constituent elements (104, 22), by analogy, it seems, also in cases like 17, 10; 18, 13 where the diphthong is original.

LXXXIII. MODIFICATION OF LONG VOWELS AND CHANGE OF QUANTITY.

1. î and û are always preserved in their purity, while â, which requires the tongue to be in its normal or indifferent po-

LXXXIII. MODIFICATION OF LONG VOWELS.

sition, as a rule, shows a tendency towards a pronunciation with rounded mouth (narrowed opening of the lips). Thus â in most cases is rounded to ô: 13, 19; 18, 1. 18; 25, 4. 16; 71, 8. 20; 81, 13; 83, 22²; 84, 17²; 101, 5; 103, 12¹. Wherever â is preserved in its purity (cf. 81, 15), it may sometimes be due to the principle of differentiation (cf. 100, 10¹ and ⁴); where no such principle is discernible, it is the business of the lexicographer to ascertain in each case, whether the word goes back to the period of the pure pronunciation of â, or it is one of those which, in the latest formative stage of Hebrew, were introduced from Aramaic where the tendency towards a rounded pronunciation of â is unknown.

2. Ê may be flattened to î (114, 15⁴) or widened to ê (109, 17; 110, 20³; 112, 1¹; 114. 16⁶).

3. Ê is also found widened to ê before the guttural ה (16, 13) and the palatal כ (ib. 7).

4. O may furthermore be rounded to û, especially if the next syllable contain the former (*dissimilation* of vowels, cf. LXXXV, 14): 91, 12; 93, 19; 99, 9⁴; 103, 12². For the same reason ô and û are replaced by î (if the laws of formation permit that vowel) before a following ô: 121, 17 f.

5. Long vowels are not tolerated in closed syllable at the beginning or in the middle of a word (doubly closed syllable), but must change their quantity. The resultant short vowel is subject to the laws governing the modification of short vowels (cf. LXXXV, 6.9). 40, 13; 98 9². 16; 100, 10³; 101, 3.

6. Long vowels are also shortened, if unaccented: 45, 12. 19; 114, 12.

7. Change of quantity in long vowels is often due to the principle of false analogy (the long vowel being falsely taken for a produced vowel and then subjected to the laws of vocalic production, cf. ib., *passim*): 19, 16²; 83, 5 f.; 105, 19²; 106, 1²; 113, 8.

8. Sometimes the quantity changes for formative reasons: 134, 2 f.

LXXXIV. COMPENSATIVE PRODUCTION OF SHORT VOWELS.

1. In the case of a consonant not being sounded (cf. LXXIX, 1), especially if the following consonant is not capable of being doubled (cf. LXXVIII, 3), or simply in case of omitted doubling

LXXXIV. COMPENSATIVE PRODUCTION. 143

(ib.), the time which was to be spent on the lost consonant, is employed in extending (drawing out, lengthening) or *producing* the vowel preceding it. Thus a = ā (11, 22 f.; 12, 18; 19, 11 f.; 55, 2⁴; 56, 11²; 61, 15; 62, 17³; 69, 6¹), i(e) = ē (13, 19²; 55, 4²; 59, 14¹; 61, 12²; 75, 2³), u(o) = ō (56, 5³: 62, 16 f.).

2. Wherever the omission of consonantal doubling does not *open* the preceding syllable (as in the case indicated LXXVIII, 5), i and u = ē and ō (67, 6¹. 9¹; the vowel is shortened again in ligature, cf. LXXXV, 10), but a, as a rule, remains unproduced (66, 17; a exceptionally produced ib. 18²), evidently because in closed syllable.

3. In cases like those indicated LXXIX, 4, the vowel is never produced (42, 22—an exceptional case); so also in case of *lost doubling* (LXXIX, 3).

4. Because this kind of vocalic production presupposes the loss of a consonant respectively the omission of consonantal doubling, the impression is gained that its purpose is the compensation of the loss of a sound, and is therefore commonly called *compensative* production.

LXXXV. PRODUCTION, REDUCTION AND MODIFICATION OF SHORT VOWELS.

1. The changes of short vowels which will be described in the following pages, are due partly to the stress of the accent respectively its absence, partly to syllabic conditions and consonantal surroundings.

2. The accent of which we speak here, may be either the original or *natural* accent (qa'tal[a], qat'tal[a], ya'subb[u], na'qâm[a] etc.), or the modern or *rhythmic* (qatal', qattal', yasubb', naqâm' etc.). The vocalic changes may be due to either (yāsōB' etc.), while those coming from the time of the natural accent, could no longer be affected by the shifting of the tone.

3. ACCENTED SHORT VOWELS IN OPEN SYLLABLE ARE PRODUCED (cf. LXXXIII, 1). Thus a′=ā (12, 8; 23, 3 f.; 56, 7². 32, 8), i′(e′)=ē (49, 4¹; 68, 17². 14, 2f.; 23, 5⁵; 36, 2; 116, 1¹), u′(o)=ō (53, 20. 23, 6; 34, 1²). Ē exceptionally widened to ē: 90, 7⁸. In an older period, sometimes also in consequence of false analogy, we find a′=â=ô (71, 8³), i′=î (40, 7 f.; 102, 5 ff.), u′=û

LXXXV. PRODUCTION, REDUCTION

(74, 4⁸). Production is sometimes, though very rarely, neglected: 44, 20 (with a under the stress of the modern accent).

4. In the absolute (and construct, wherever of the same form) state of so-called monosyllabic nouns (cf. as to their origin LXXVI, 11) of the form qatl (nominal formation 1) and in the jussive and shortened imperative forms of verbs third י(י) in the causative stem (116, 4. 6), a, instead of being produced to ā, is *flattened* to ċ (23, 1; note, however, ā before י : 97, 18; note also ā 107, 19 as over against unproduced [perhaps because preceding an originally doubled n, cf. below under 5] a 118, 16³). The i in the absol. of the form qitl (nom. form. 2) is regularly produced, viz. to ē (23, 5); while the corresponding verbal forms in the *simple* stem show also cases of neglected production (115, 19 f.). The reason for such neglect of production seems to be the feeling that, because the last syllable contains only the faint (colorless) remnant of a vowel, the first is not an open syllable of the kind usually to be met with: hence also with the vowel a, the tendency towards flattened pronunciation.

5. Production may be avoided by an artificial closing of the syllable in which the originally accented short vowel is found (cf. as to the principle involved, below under 11), viz. by the sharpening of the following consonant (especially if the latter be a liquid, dental or one of the stronger gutturals). 12, 6; 24, 9¹. 11; 26, 6³; 29, 18²; 52, 2²; 54, 11¹; 55, 1²; 74, 19³. 20¹.

6. UNACCENTED SHORT VOWELS IN OPEN SYLLABLE ARE REDUCED, i. e. half the time of what is spent on the sounding of a short vowel is employed in their pronunciation. Syllables containing reduced vowels are but half-syllables which are joined in speech to the one following them. As a rule, the reduced vowel is so indistinctly spoken that it resembles most the vowel e, and is therefore transcribed *e*. 12, 14; 23, 3¹; 31, 20²; 33, 13⁴; 36, 3. 8; 49, 10¹; 79, 6¹; 85, 2¹; 99, 13. With certain consonants (gutturals [55, 14⁴], emphatic sounds [34, 8⁴]) or between two identical consonants [67, 17f.], the reduced vowel retains more of its original (or assumed, in accordance with the laws of vocalic modification, cf. below under 12) coloring, and is transcribed respectively *a, e* and *o*.

AND MODIFICATION OF SHORT VOWELS. 145

7. ORIGINALLY ACCENTED SHORT VOWELS IN (FIRMLY OR LOOSELY) CLOSED SYLLABLE REMAIN SHORT: 23, 2^2. 4^4. With the shifting of the tone in the later period of the language, however, they are subjected to certain modifications which are largely due to the nature of the preceding or following consonant. If the syllable be at the beginning of the word, a, as a rule, is flattened to i (12, 13; 24, 1: 26, 4; 33, 11; 43, 14^1) or e with gutturals in certain cases, especially א (58, 17^1; 59, 11^1. 33, 4; 43, 21^2; 57, 15), sometimes also before palatals (76, 3^5; 95, 18^2), and retained, as a rule, with gutturals (12, 9^1; 50, 5^6; 51, 4^4; 53, 12ff.; 57, 13f.; 60, 2; 89, 7^4; 117, 7^4) [cf. 58, 6^3. 7^1; 59, 2^4]; i with gutts. shortened to e (50, 12^2; 52, 20^1; 53, 9^1; 74, 17^3; 84, 7^1; 115, 11^1); u shortened to o (23, 2^2; 24, 17^2) and retained before a cognate (labial) consonant (23, 9; 58, 2^1; 82, 8^2). In the middle of a word, a remains unchanged (note an exception 95, 10): 31, 16; i, as a rule, it replaced by a (36, 5; note an exception 93, 16^3) and u shortened to o (36, 10). The same laws hold good with such vowels (in the same position) as never were accented, except that i then very often is shortened to e (25, 19^4; 49, 10^2; after gutturals e and a may be found in the place of i (63, 12ff.) which is retained regularly before a following י (its cognate semivowel, 106, 3) and exceptionally elsewhere (especially before sibilants, 49, 13^3), while before gutturals (especially א‎ן 83, 2^2) it is replaced by a in certain forms (66, 3^5), and in others, under the stress of the original accent, produced to ē (ib. 3^3).

8. Short vowels in closed syllable at the end of a word reveal, under the stress of the *modern accent*, the workings of a law observed above (LXXXIV, 2) in reference to compensative production of short vowels in the same position. Thus a remains unproduced (so in middle a verbs: 31, 19; the production in nominal formations with a in the last syllable [e. g. 23, 15] is due to the principle of differentiation; note exceptions: 52, 7^1; 56, 20), i is produced to ē (in the noun regularly: 24. 5^1, so also in the verb: 36, 2, where, however, very often ē is replaced by a: 37, 2^3; 38, 12^1; 68, 1; 71, 11^7; 74. 1^4; 84, 1^3; 73, 6^1 [; note 114, 11] and exceptionally by e: 38, 12^2) and u to ō (both in verb and noun: 24, 8^1; 36, 7; note the singular cases 14, 1^1; 58, 2^1 where, as it seems, through i as a medium, u is shortened to e).

LXXXV. PRODUCTION, REDUCTION

9. Short vowels in closed syllable in the middle of a word (in doubly closed syllable), when under the stress of the modern accent, on the whole testify to the truth of the law as stated under 8. It is a noteworthy fact that the final syllable of nouns (with an originally short vowel at the close) in the construct state is, for purposes as the one before us, regarded as doubly closed (the reason evidently being this, that the noun in the construct state [the *governing* noun] and the one in the genitive case immediately following it [the noun *governed*] are *logically* one). Thus a remains short (31, 11; 23, 16), i oftener appears as a than was the case above (36, 4; 38, 2^1; 42, 7^2; 43, 19^4; 93, 10^1), though cases are not wanting where the regular production of i to ē may be witnessed (24, 11^3; 38, 2^2; 74, 3^3; 75, 3^2; 92, 15), and finally u is regularly produced to ō (36, 9; 24, 8^2). With the shifting of the accent, the vowels come under the rule given above under 7 (cf. 63, 18^4). Observe the effect on open syllables: 86, 2^4.

10. In the present system of Hebrew accentuation it frequently happens that for certain reasons the accent *recedes* to, or rather *resumes*, its natural position. Thus it is against the laws of Hebrew euphony to allow two accented syllables (the final syllable of the first, and the first [penult] of the second word) to follow closely upon one another. Again two words may be joined together as one, with one common accent on the second which, as a rule, is the much shorter one, and a secondary tone on the first, coinciding with its original accent. The final syllable of the first word, if closed, comes, by the very nature of the case, under the category of such vowels in closed syllable as never were accented (cf. above under 7 end) where there is no occasion for vocalic production. Thus a remains unchanged (32, 12^1; 32, 12^2), i appears as e (44, 2^1. 1^4; 73, 7^1; 24, 11^3) and u as o (71, 17^2; 24, 17^1). Note i exceptionally retained before a sibilant (73, 7^2) and u before a labial (71, 17^3). Note also 74, 14^2 but 75, 9^2. Observe the effect on open syllables: 87, 3^2.

11. Sharpened syllables are, for matters of vocalic changes of the nature described in this lesson, regarded as closed (or rather doubly closed, for they are only possible at the beginning or middle of a word, cf. LXXVIII, 5). Hence, if

coinciding with the place of the modern accent, the vowel a with them must remain unchanged (70, 17²), i appears as a (73, 6²) and ē (72, 14¹) and u always as ō (70, 7). Originally accented sharpened syllables do not allow their vowels, with the shifting of the accent, to undergo the modifications mentioned above under 7; with slight exceptions (a flattened to i [67, 1⁶; 71, 10] and u shortened to o after gutturals [58, 12²]), they retain their pure sounds (cf. 69, 7³. 11³). Hence the doubling of a consonant in such conditions the best means for shielding short vowels, whether against *production* (cf. above under 5), *reduction* (28, 17⁵) or *modification* (51, 9² compared with ib. 9⁴).

12. The influence of gutturals upon surrounding vowels has been touched upon in the preceding paragraphs. A few supplementary words will suffice. The vowel a readily associates itself with gutturals as their cognate vowel, especially in the case of the vowel preceding the gutt.: 57, 13¹. Such is the ease with which a is spoken before gutts., that it is regularly inserted before a guttural (except א which rather repudiates a, showing often a marked preference for e: 57, 15) closing a word and preceded by a heterogeneous vowel: 56, 1 f. Thus the gutts. shield an original a against modification. I is replaced in the verb by a, if preceding the gutt. (65, 9 ff.), but remains unaffected by the latter in certain nominal forms (65, 16²), or if following the gutt. (60, 21⁵; 62, 9³). U is equally replaced by a in the verb (60, 16²; cf. especially u as first vowel of the stem to a with first gutts.: 57, 17. 19), while in nominal forms it remains unaffected (65, 14³; cf. 63, 10 f.). The faint vowel in the second syllable of the nominal formations 1—3 in the absolute (or construct) state, appears as a with gutts. in the second or third place of the root (57, 19¹; note e with א: 81, 18¹). A guttural preceding an unaccented short vowel in an open syllable, causes the reduced vowel to retain something of its original coloring: a thus appears as *a* (50, 6 f.), i as *a* (ib. 13¹) or *e* (especially with א : 52, 3), u, as a rule, as o (50, 17 f.), but also as *a* (57, 19¹) respectively as *e* with א (ib.⁴).

13. As the syllabic accent of a word, so does the accent which a word receives by virtue of its position at the end of a

smaller or larger complex of sentences (the *pausal* accent) effect the production of the accented short vowel, independently of the syllabic conditions in which it is found. It may be worthy of notice that e of a non-pausal form is represented by a in the corresponding pausal form (cf. 44, 1⁵; 66, 10³), which fact should help to understand the frequent occurrence of a in cases where ĕ is expected (cf. above under 8—9).

14. Examples of vocalic modification through assimilation are less frequent (a to i : 38, 8; 40, 8 f. and e respectively o : 12, 9) than of such due to vocalic dissimilation (a to ĕ : 15, 13²; 45, 1². 15, 13²; 19, 15 f.; 20, 7; 55, 1¹; 55, 14³; 62, 18³; 69, 4⁶; 71, 9 f.; 86, 1³; 79, 18⁴; note that the intervening consonant is, as a rule, a guttural or the palatal כ; cf. also 74, 8⁶; 100, 11⁶).

LXXXVI. DISAPPEARANCE OF (SHORT) VOWELS.

1. Owing to the stress of the original accent, it happens that, in completely developed triliterals (respectively polyliterals), one of the vowels of the stem disappears. The loss may be *total*, and, as a consequence, the preceding consonant is joined to the antecedent syllable which becomes *firmly* closed, or *partial*, when some faint remnant of the vowel is left and the antecedent syllable is *loosely* closed. In all cases, it seems, *total* disappearance of a vowel presupposes a period when the vowel was not *wholly* lost.

2. At the end of a word, *total* loss is the only thing possible (31, 9; 32, 21). To this category belong also the lost case-endings in the noun (14, 12 ff.; cf. 17, 13 f.).

3. The middle vowel of the stem is not *wholly* lost in certain forms of the imperative (34, 17; 48, 10) and in the inflection of the nominal formations 7-9 (cf. 48, 19; 49, 7²), also in those forms of the plural of the formations 1-5 which had the original accent on the first vowel of the stem (cf. 23, 5⁴). A full vowel or, at least, the remnant of such may be seen in cases where the next vowel is either *totally* lost or *reduced* (23, 1; 53, 16¹). *Total* loss is the rule in the singular forms of formations 1-3 with suffixes (23, 2³; cf. also 23, 7⁶; 116, 1³. 80, 21; 118, 9¹). The final

LXXXVI. DISAPPEARANCE OF VOWELS

stem vowel is also *totally* lost before consonantal afformatives (32, 1³), but retained, in reduced form, with third gutts. (65, 21²).

4. The first vowel of the stem is *totally* lost in nominal or verbal forms with preformatives or augments bearing the original accent (26, 4; 33, 11; 36, 12; 40, 21; 41, 2); it may be retained (in a *reduced* form, and as a full vowel, if followed by a reduced vowel) with first gutts. (52, 7 ff.; 57, 13¹. 18; 58, 6¹. 18¹; 59, 5. 12²); elsewhere it is occasionally retained by an artificial sharpening of the preceding consonant (49, 18 f.).

TABLE OF REFERENCES TO STANDARD GRAMMARS.

G=Gesenius—Kautzsch, K=König, S=Stade (cf. Preface, p. viii).
I. 1. G 5; K 6; S 18-25.—2. G 5; K 7; S 26.—3. G 6; K 8; S 58. 61-69.—II. 1. G 7, 1; S 59 f.—2. G 7, 2; K 9, 1-3; S 27·31.—3. G 7, 3 f. 8; K 9, 4-6; S 32-37.—III. a. G 26. 10; K 10, 1. 21; 9, 7; S 70. —b. G 29. 16, 2; K 11, 7; S 71.—IVa. G. 12 ; K 10, 3 ; S 38.— b. G 13; K 10, 4; S 38.—c. G 10, 1, 2; K 10, 5.—d. G 10, 2; K 10, 6.— V. a. G 15. 16, 1; K 11, 1-4. 6; S 43-49.—b. G 21; K 10, 4.
VI. G 35. 16, 2; K 16. 11. 7; S 172. 50-57.—VII. G 102, 2; S 374. —VIII. G 104, 2: S 379.—IX. G 102, 1; S 376.
X. G 32; 15 a ; S 177-179. — XI. G 90. 89. 87. 94; S 341. 323— 332. 308. 313 322.—XII. G 33. 91; S 345-360.—XIII. a. G 90; S342. —b. G 103; K 15b; S 374.—c. G 103; S 374.—XIV. a. G 103; K 15b; S 377.—b. G 103; S 376.—c. G 88; S 339. 340.—XV. G 34; K 17; S 170. 171.—XVI. G 36; K 18; S 176.—XVII. a. G 37; K 19; K 19; S 173.—b. G 37; K 19; S 173.—b. G 100, 4; S 175.
XVIII. G 30. 31. 33. 39; S 139-169.—XIX. G 81; S 180-182.— XX. G 93, Parad. I, a-c; S 191-198. — XXI. G 93. P. II, a-d. note 4; S 200-206. 199. 205. 206.—XXII. G 93, P. IV (and notes); S 207- 212.—XXIII. G 93, P. III, a. b.(and notes); S 213 215. 217-223. 261- 263. 269-273.—XXIV. G 93, 4, n. 3; S 224-228. 264-266. 274. 275.— XXV. G 94. 95.—XXVI. S 255-259.— XXVII. S 292 298.—XXVIII. S 366.—XXIX. G 38-41; S 381-383. — XXX. G 44; 45; 49, 1. 3; K 20, 1-6.—XXXI. G 47; K 20, 7.—XXXII. G 48; 46; 49, 1. 2; 45; 50; K 20, 9-14.—XXXIII. K 21.—XXXIV. a. S 224. 228.—b. c. G 52; K 23. 24. - XXXV. G 53; K 27. 28. — XXXVI. G 54 ; K 25. — XXXVII. G 51; K 22. — XXXVIII. G 59, 2; K 29, 1.—XXXIX. G 60; K 29, 2.—XL. G 61; K 29, 3. 4.—XLI. K 29, 6-13.—XLV. G 63; K 30, —XLVI. G 64; K 31.—XLVII. G 65; K 32.—XLIX. G 67; K 34, 1-6.—L. K 34, 7.—L. K 34, 7.—LII. LIII. G 66 ; K 33.—LV. G 68; K 35.—LVI. LVII. G 74; K 42.—LIX. LX. G 69 ; K 36, 1-7.— LXI. G 71; K 36, 8.—LXII. G 70; K 37. —LXIV. LXV. G 75; K 41.—LXX. G 86; S 292-304. — LXXI. LXXII. G 96.—LXXIII. G 97. 98; S 361-365. LXXIV. S 230-241.—LXXB. S 366-380.
LXXVII.—LXXXVI. G 18-29; S 73-138.

www.ingramcontent.com/pod-product-compliance
Lightning Source LLC
Chambersburg PA
CBHW031454160426
43195CB00010BB/979
* 9 7 8 3 3 3 7 4 1 7 3 0 7 *